ENTRE EL GENIO Y EL CRIMEN
Los Bonnie y Claide de las Criptomonedas

"Esta obra está inspirada en hechos reales, pero los nombres de los personajes y algunos detalles han sido modificados para fines narrativos. Cualquier parecido con personas reales es puramente coincidente."

BIOGRAFIA

Silvio Dell'Oglio, nacido en un rincón enigmático de Italia, es un escritor literario cuya pluma desentraña los misterios profundos de la existencia humana. Desde una edad temprana, mostró una fascinación por las sombras que danzan en la luz del crepúsculo y los susurros ocultos en cada rincón del alma.

Con una mente inquisitiva y una pasión por explorar los límites de la percepción, Silvio ha dedicado su vida a destilar los secretos entrelazados de la vida y la esencia humana en sus escritos. Sus obras, como travesías por nebulosas interiores, invitan a los lectores a reflexionar sobre la complejidad del ser.

Silvio Dell'Oglio es conocido por su habilidad para tejer narrativas que envuelven al lector en un enigma cautivador. A través de sus palabras, revela espejismos de la existencia que desafían las expectativas y despiertan la curiosidad más profunda.

Sumérgete en el mundo intrigante de Silvio Dell'Oglio, donde cada página es una invitación a explorar los recovecos más oscuros y luminosos de la vida, guiados por la pluma de un escritor cuyo nombre resuena con el misterio mismo.

Prologo

En el centro del caos digital y las sombras de las criptomonedas, una pareja se levantó como una figura misteriosa, un símbolo de la nueva era del dinero, del anonimato, y de la impunidad. Nadie sospechaba que, detrás de sus vidas públicas llenas de extravagancia, éxito instantáneo y fama digital, se escondía el mayor robo de la historia moderna.

Él, un nerd de la computadora, un experto en el universo críptico de las blockchain, pensaba en códigos y en el futuro de las finanzas como un arquitecto de un nuevo mundo. Ella, una mujer inteligente, audaz y con un talento artístico que no solo la hacía destacar, sino que la hacía brillar como un cometa fugaz en las redes sociales, veía en su vida pública una oportunidad de control y poder. La fusión de sus mundos no fue casual. Era la conjunción de dos almas dispuestas a jugar con fuego. No fueron las calles oscuras ni las sombras de la clandestinidad las que les dieron poder, sino la exposición, el glamour y la red que crearon a su alrededor. Hicieron de la visibilidad una herramienta para esconderse a plena vista. Nadie sospechaba que cada publicación, cada vídeo, cada movimiento en su vida social era parte de un elaborado plan para llevar a cabo un robo masivo. Un robo de millones y millones en criptomonedas, movidas con precisión, como un juego de ajedrez que pocos comprendían. Mientras las cámaras los seguían, mientras el mundo los admiraba, ellos estaban saqueando la esencia misma de la economía digital.

Lo más sorprendente de todo, lo que la gente nunca llegó a entender, es que no huían. No se escondían en un rincón oscuro del mundo. Decidieron quedarse en el centro de la tormenta. Estados Unidos, con su aparente caos regulatorio, se convirtió en su campo de juego. Ellos tenían el control, o al menos eso creían. ¿Por qué quedarse cuando podrían haber escapado fácilmente, cuando podían haber convertido todo ese dinero en algo tangible y escapar a Rusia, o a cualquier otro lugar donde nadie los conociera? ¿Por qué vivir a la vista de todos, en un mundo de cámaras y luces, sabiendo que cada paso que daban dejaba una huella? Quizás era el ego, quizás el deseo de demostrar que eran más inteligentes que el sistema. O tal vez, y esto es lo más inquietante, sabían que algún día la caída llegaría, pero el riesgo, la adrenalina de vivir al borde, les resultaba demasiado tentador. Y mientras el mundo los observaba, ellos seguían su juego, cada vez más cerca de la verdad, pero también cada vez más lejos de la salvación.

Pero aquí es donde comienza el verdadero giro. La historia que todos creen conocer, el desenlace que parece inevitable, no es el final real. Porque la verdadera pregunta es: ¿y si todo lo que ocurrió no fue un accidente? ¿Y si no fueron simplemente tontos que pensaron que nunca les pasaría nada? Lo que nadie sabe, lo que solo unos pocos podrían haber imaginado, es que la caída no fue un destino que les llegó por azar. Fue una jugada calculada. Y lo que el mundo no ve, lo que permanece en las sombras, es el plan que ellos tenían, la respuesta que ellos escribieron antes de ser atrapados. Un giro que no solo cambiaba su destino, sino el de todos los que creyeron conocer su historia.

Este libro no es solo sobre el robo, sino sobre la arrogancia, el deseo, la vulnerabilidad humana y la inevitable caída. Y, tal vez, es también un recordatorio de que, en el mundo de las criptomonedas, no hay secretos que duren para siempre. La verdad, como el dinero, siempre encuentra su camino a la superficie.

Los Bonnie & Clide de la Criptomoneta

David Scheister y Lia Morgen representan una figura compleja en la que se mezclan la tecnología, la ambición, el crimen y la manipulación de identidades. Son un claro ejemplo de cómo las personas pueden crear personajes públicos fascinantes mientras ocultan, o incluso alimentan, aspectos oscuros de su vida privada. A través de sus acciones, tanto dentro como fuera del ámbito de las criptomonedas, han logrado construir una identidad pública que los ha colocado en el centro de la atención mediática, pero su "spersonaje" es un reflejo de las contradicciones que habitan dentro de ellos.

Lia Morgen: La empresaria, la Fazzlikhan, y la contradicción.

Lie ha logrado crear una figura pública que oscila entre la emprendedora de éxito y la artista de la ingeniería social. A continuación, algunas características que definen su persona:

1. La emprendedora: Lie fundó SalesFolk, una empresa de consultoría especializada en redacción de correos electrónicos de ventas, demostrando su habilidad para navegar en el

mundo del marketing digital. Su capacidad para "vender" no solo productos, sino también su propia imagen, se convierte en uno de los aspectos más interesantes de su personaje. Se presenta como alguien capaz de tomar "riesgos calculados", pero que, en realidad, transita constantemente por la delgada línea entre lo ético y lo cuestionable.

2. La "Fazzlikhan": Su alter ego como rapera, conocida como Fazzlikhan, encarna una figura de provocación. Es un personaje que desafía las convenciones sociales y profesionales, mostrando una faceta que está completamente en contraste con su imagen de empresaria exitosa. Este personaje parece una respuesta a su deseo de ser el centro de atención, pero de una manera mucho más desinhibida y extravagante.

3. Contradicciones morales y éticas: En varias ocasiones, Lie ha expresado que "el fin justifica los

medios", una filosofía utilitarista que revela su disposición a pasar por alto la ética en busca de sus propios objetivos. Aunque su discurso público de éxito se centra en la legitimidad, sus acciones la vinculan con un robo masivo de criptomonedas, lo que pone en evidencia que sus principios no son tan sólidos como parecen.

4. Personaje público vs. vida privada: Lie ha construido su vida profesional como un acto de marketing, presentándose al público de una manera que muchas veces no coincide con la realidad.

Esto la convierte en una figura enigmática, que juega con su identidad de manera camaleónica, siempre adaptándose a las circunstancias y manteniéndose en el ojo público, pero sin revelar completamente quién es.

Lichtenstein: El inversionista, el hombre de tecnología y la fuga de la normalidad

Lia Morgen, conocida también como Fazzlikhan, vivió una vida llena de contrastes, entre la fachada de empresaria exitosa y artista excéntrica, y la realidad de su involucramiento en un crimen complejo. En su página de LinkedIn, se presentaba como una economista internacional y emprendedora tecnológica, con una experiencia en la que, aparentemente, destacaba en la lucha contra el fraude y la ciberdelincuencia. Pero su imagen de mujer de negocios no era más que una fachada, pues detrás de esa apariencia, Morgen había estado involucrada en actividades ilegales relacionadas con el robo de criptomonedas. En su faceta pública, Morgen también cultivaba una vida de lujo y creatividad.

Fue autora de artículos en medios como Inc. y Forbes, donde compartía sus teorías sobre la negociación, el éxito empresarial y la superación personal. Sus escritos hablaban de cómo convertirse en un experto en cualquier área, cómo el perfeccionismo puede ser un obstáculo y cómo regatear eficazmente en un bazar. Morgen usaba estos consejos como una manera de construir su reputación como una mujer de negocios exitosa, pero la realidad era muy diferente. Además de su faceta profesional, Lia Morgen tenía una presencia pública excéntrica como artista. A través de su alias Fazzlikhan, lanzó videos musicales de rap que reflejaban su estilo de vida poco convencional. En su canción de 2021, 'Vacuum Cleaner', criticaba a las personas "mediocres y tóxicas" que, según ella, le chupaban la energía. En otros videos, promocionaba un "jugo anticoronavirus de superviviente", un remedio casero que ella misma creó con zumo de naranja sanguina, jengibre y cúrcuma, afirmando que le había ayudado a superar el MERS, una enfermedad respiratoria mortal que contrajo en Egipto. Estos contenidos, aunque llamativos, eran parte de su intento por construir una personalidad pública única, casi mística, que atraía tanto a seguidores como a detractores.

La vida de Morgen también estuvo marcada por su relación con David Schneider, quien sería su esposo. Schneider la describió como "surrealista, misteriosa, espeluznante y sexy", destacando su magnetismo y su capacidad para atraer la atención. En 2019, él hizo una elaborada propuesta de matrimonio, que incluyó vallas publicitarias en Times Square, un acto que subrayaba la ostentación de su vida. A pesar de esta imagen de amor y éxito, su matrimonio estaba teñido por la criminalidad. Juntos, ambos estuvieron involucrados en el robo de 119.754 bitcoins de la plataforma Bitfinex en 2016, una operación que parecía meticulosamente planificada. Morgen, en su vida personal y profesional, parecía querer demostrar que podía tenerlo todo: el éxito en los negocios, la creatividad artística, y una relación perfecta. Pero todo eso se derrumbó cuando se descubrió su implicación en el lavado de dinero, el blanqueo de bitcoins y el uso de su riqueza ilícita en artículos como oro, tarjetas de regalo de Walmart y NFT. Incluso intentaron ocultar el origen de su dinero, afirmando que los bitcoins que poseían eran regalos de Lichtenstein. Sin embargo, la investigación reveló su implicación en una de las mayores estafas de criptomonedas de la historia.

En el juicio que enfrentaron, Schneider expresó su arrepentimiento, lamentando haber malgastado su talento en actividades delictivas en lugar de contribuir positivamente a la sociedad. Mientras él aceptaba su culpabilidad y la condena de 5 años de prisión, pidió que su esposa fuera liberada de la cárcel, culpándose por haberla involucrado en el crimen. La historia de Lia Morgen, de ser una exitosa empresaria a convertirse en una criminal buscada por el FBI, es un recordatorio de cómo las identidades públicas pueden ser manipuladas y cómo la ambición puede llevar a una persona a cruzar límites que jamás pensó que atravesaría.

David Scheister: en comparación con Lie, ha sido una figura más discreta en la esfera pública, pero igualmente compleja en su recorrido. Su vida se mueve entre el éxito profesional y las sombras del crimen, lo que crea una identidad que está constantemente construyendo, pero que también está al borde del colapso. Algunas de las características que definen su "spersonaje" son:

1. El empresario tecnológico: Scheister es conocido por su trabajo en MixRank, una compañía de marketing basada en datos, y por ser inversionista en otras startups. Su carrera en el mundo de la tecnología lo coloca en el ecosistema de Silicon

Valley, un entorno donde la innovación y el riesgo son la norma. Sin embargo, su figura como innovador se mezcla con el lado oscuro de sus actividades ilícitas.

2. El tecnócrata libertario: Su vinculación con ideologías libertarias, y en particular con el movimiento tecno-libertario, lo convierte en una figura fascinante pero también problemática. Scheister promueve la idea de la libertad individual a través de la tecnología, especialmente las criptomonedas, pero su visión parece carecer de un sentido claro de responsabilidad social o ética. Su participación en iniciativas como RonPaulFan.com muestra cómo sus creencias políticas se entrelazan con sus intereses personales en la tecnología.

3. Criminalidad y doble vida: Aunque David mantiene una fachada de empresario exitoso, está profundamente involucrado en el robo de criptomonedas. Sus esfuerzos por ocultar los movimientos de los bitcoins robados y la sofisticación de sus métodos para evadir la justicia revelan a una persona que ha manipulado el sistema para su propio beneficio, todo mientras construía una imagen pública impecable.

4. Un "spersonaje" entre la realidad y la ficción: Lichtenstein ha jugado a construir una identidad como emprendedor de éxito, pero su implicación en el robo de criptomonedas destruye esa imagen, dejando al descubierto a una persona que ha manipulado tanto su vida profesional como su imagen pública. Su historia es la de un hombre que se

ha presentado como un innovador, pero que en realidad ha cruzado límites legales y éticos.

A lo largo de su carrera, Scheister construyó una imagen de éxito dentro del mundo de las inversiones y la tecnología. Sin embargo, detrás de esa fachada de emprendedor libertario, existía una doble vida marcada por actividades criminales. David Scheister y su esposa, Lie Morgan, fueron acusados de participar en el lavado de miles de millones de dólares en criptomonedas robadas durante el hackeo de la plataforma Bitfinex en 2016. Según las investigaciones del Departamento de Justicia de Estados Unidos, ambos habían movido grandes sumas de bitcoins a través de múltiples transacciones, utilizando una compleja red de cuentas para evitar ser rastreado

La implicación de Scheister en el hackeo de Bitfinex y su participación en el lavado de los fondos robados revelaron un lado oscuro de su personalidad, contrastando con la imagen de empresario exitoso y tecnócrata que había cultivado. A lo largo de los años, Lichtenstein utilizó su conocimiento de la tecnología y su red de contactos para ocultar su participación en actividades ilegales.

Utilizó un sistema de almacenamiento en la nube y criptomonedas para disimular los movimientos de dinero, lo que dificultó su detección por parte de las autoridades.

A pesar de que su éxito en el mundo de las inversiones parecía estar en auge, Lichtenstein estaba envuelto en un complejo esquema criminal. construyó una imagen de éxito dentro del mundo de las inversiones y la tecnología. Sin embargo, detrás de esa fachada de emprendedor libertario, existía una doble vida marcada por actividades criminales. David Scheister y su esposa, Lie Morgan, fueron acusados de participar en el lavado de miles de millones de dólares en criptomonedas robadas durante el hackeo de la plataforma Bitfinex en 2016. Según las investigaciones del Departamento de Justicia de Estados Unidos, ambos habían movido grandes sumas de bitcoins a través de múltiples transacciones, utilizando una compleja red de cuentas para evitar ser rastreados.

La implicación de Scheister en el hackeo de Bitfinex y su participación en el lavado de los fondos robados revelaron un lado oscuro de su personalidad, contrastando con la imagen de empresario exitoso y tecnócrata que había cultivado. A lo largo de los años, Lichtenstein utilizó su conocimiento de la tecnología y su red de contactos para ocultar su participación en actividades ilegales.

Utilizó un sistema de almacenamiento en la nube y criptomonedas para disimular los movimientos de dinero, lo que dificultó su detección por parte de las autoridades.

A pesar de que su éxito en el mundo de las inversiones parecía estar en auge, Lichtenstein estaba envuelto en un complejo esquema criminal. La investigación reveló que él y Morgan habían intentado manipular sus transacciones para eludir el escrutinio, incluyendo el uso de cuentas comerciales de bitcoin para ocultar sus actividades ilícitas. La cantidad de dinero involucrado, más de 4.500

millones de dólares, hizo que su caso fuera uno de los mayores en la historia de la criptomoneda.

Lo más impactante de este caso es la revelación de que, a pesar de ser una figura pública en el mundo de las inversiones y las criptomonedas, Lichten-stein había llevado una vida paralela de fraude y lavado de dinero. Esto no solo afectó su reputa-ción, sino que también dejó en evidencia la falta de regulación en el mundo de las criptomonedas, un espacio que él mismo ayudó a promover.

Lie y David son dos ejemplos de cómo la identidad en la era moderna puede ser manipulada y rein-ventada para cumplir objetivos personales. A tra-vés de sus carreras y de sus decisiones, ambos han logrado construir una imagen pública que, al final, se desmorona cuando se descubren sus actividades ilícitas. La figura del "spersonaje" es un reflejo de la manipulación constante de su propia imagen y de la forma en que se presentan ante el mundo.

Ambos han logrado un éxito notable, pero han optado por violar las reglas para alcanzarlo, revelando las contradicciones que habitan dentro de ellos. Su historia es un claro ejemplo de cómo el sistema tecnológico y financiero actual permite que personas con talento y ambición se deslicen entre las sombras, utilizando sus habilidades para engañar y manipular en busca de poder y riqueza.

David se había establecido como un jugador menor en el mundo de la inversión en tecnología de Nueva York. Su imagen de éxito se construyó a lo largo de una década, tras graduarse en psicología en la Universidad de Wisconsin-Madison. Buscó asociarse con empresarios con ideas afines, y su viaje lo llevó a Silicon Valley, donde conoció a otros tecno-libertarios, un grupo de personas que promueven el uso de la tecnología como un medio para desafiar el control estatal y la centralización del poder.

En sus primeros años, David estuvo involucrado en varios proyectos, incluyendo la creación de RonPaulFan.com, un sitio web dedicado a apoyar la campaña del candidato presidencial republicano Ron Paul, conocido por ser un defensor de las criptomonedas. Esta página era un claro reflejo de su afinidad con las ideas libertarias y la descentralización.

Su carrera continuó con otros proyectos menos exitosos, como Instant Focus, un suplemento para

mejorar la productividad, y MyNaturalWeightLos-
sDiet.com, que promovía limpiezas de colon y su-
plementos para la pérdida de peso. Sin embargo,
fue con MixRank, una empresa emergente de marketing basada en datos, cuando realmente comenzó a ganar relevancia. Fue aceptada en el presti-
gioso programa acelerador Y Combinator en 2011,
y entre sus primeros patrocinadores figuraban figuras como el multimillonario Mark Cuban y el
fondo de capital de riesgo 500 Startups.

A pesar de los fracasos iniciales, David logró atraer
inversores importantes y se convirtió en un inver-
sor ángel en empresas emergentes como Routable.
En una publicación de LinkedIn, se mostró orgul-
loso de haber sido uno de los primeros en invertir
en la compañía. Este éxito, aunque en su mayoría

vinculado a su habilidad para moverse dentro de los círculos tecnológicos y de inversión, también reflejaba la forma en que David se había posicionado como un tecnócrata libertario, un individuo que valoraba la libertad individual y la diseminación del poder a través de la tecnología.

Un personaje entre la realidad y la ficción.

La figura de Scheister no es fácilmente encasillable; se mueve entre los límites difusos de la realidad y la ficción. En su trayectoria, ha logrado crear una narrativa que lo presenta como un innovador y visionario dentro del mundo de la tecnología y las criptomonedas. Sin embargo, su vida real dista mucho de la imagen que proyectó durante años, revelando una desconcertante desconexión entre la persona que mostró al mundo y la persona que realmente era.

Por un lado, David era un empresario exitoso que participó en el ecosistema de Silicon Valley y que, a través de sus empresas, acumuló una considerable reputación en el mundo de la inversión. Su participación en proyectos como MixRank y su apoyo a empresas como Routable lo situaron en la vanguardia de la innovación tecnológica. Era conocido por su retórica libertaria, defendiendo la descentralización y el poder de las criptomonedas como una forma de liberarse de las instituciones financieras tradicionales. Su visión de un futuro dominado por la tecnología y las criptomonedas parecía alineada con las aspiraciones de muchos en el mundo tech.

Sin embargo, detrás de esta fachada, David estaba envuelto en actividades criminales que no solo destruyeron su reputación, sino que también cuestionaron la autenticidad de su figura pública. Su implicación en el hackeo de Bitfinex y el posterior lavado de miles de millones de dólares en criptomonedas reveló un contraste alarmante con la imagen de emprendedor ético que había cultivado. Esta doble vida le permitió moverse entre los dos mundos, el del emprendedor exitoso y el del criminal astuto, manipulando ambos con igual destreza. En cierto modo, Scheister un reflejo de cómo las redes sociales y el mundo digital pueden crear una versión idealizada de uno mismo, separada de las realidades de la vida cotidiana. Su historia, que podría parecer sacada de una novela de crimen o una película de Hollywood, se desarrolla en un contexto de alta tecnología y criptomonedas, áreas en las que las líneas entre lo real y lo ficticio se desdibujan constantemente. El personaje de Scheister es un testimonio de cómo las personas pueden construir identidades virtuales que, en última instancia, son tan frágiles como los mundos digitales en los que se fundamentan.

Tanto Lia Morgen como David Scheister son ejemplos paradigmáticos de cómo las identidades en la era moderna pueden ser manipuladas y reinventadas para cumplir objetivos personales, ocultar realidades incómodas o incluso crear una fachada que sirva para ocultar una doble vida. En un mundo cada vez más digitalizado, donde las redes sociales, las criptomonedas y la tecnología permiten a las personas construir narrativas personales sin la necesidad de verificación constante, las identidades se han convertido en un juego de apariencias, un espacio donde es posible reinventarse, escapar de la realidad y, en algunos casos, actuar con impunidad.

Morgen, con su enfoque de ingeniería social y sus habilidades para manipular a los demás, se presenta como una persona que sabe cómo jugar con las percepciones de los demás para conseguir lo que quiere. Su habilidad para reinventarse como una experta en ciberseguridad y tecnología contrasta con sus implicaciones en actividades delictivas. En paralelo, Scheister, un tecnócrata libertario, construyó su identidad en torno a la idea de un líder de pensamiento dentro del mundo de las criptomonedas, defendiendo valores como la libertad y la descentralización, mientras ocultaba su involucramiento en el hackeo de Bitfinex y el lavado de criptomonedas robadas.

Ambos personajes, al igual que muchos otros en la era digital, son un reflejo de cómo las plataformas y las tecnologías actuales permiten la creación de personas virtuales, a menudo desconectadas de sus acciones y realidades reales. A través de las redes sociales, los blogs y otros medios, las personas pueden construir identidades que, aunque efectivas en el mundo digital, a menudo no resisten el escrutinio de la vida real. Estos ejemplos muestran que, aunque la tecnología y la conectividad han abierto nuevas oportunidades, también han facilitado la creación de facetas falsas, donde la verdad y la mentira se entrelazan de maneras complejas y, a menudo, peligrosas.

El caso de Morgen y Scheister resalta cómo la identidad en la era moderna ya no es algo fijo o estático, sino que se construye constantemente y puede ser manipulada para servir a intereses particulares, incluso a costa de la ética o la moralidad. Esta reflexión es un llamado a cuestionar la veracidad de las identidades que se nos presentan, tanto en el ámbito personal como en el profesional, y a reconocer que, en el mundo actual, las fronteras entre la realidad y la ficción son más difusas que nunca.

Lia Morgen y su esposo, David Schneider, fueron finalmente detenidos y enfrentaron graves cargos relacionados con el robo de 119.754 bitcoins de la plataforma de criptomonedas Bitfinex en 2016, valorados en más de 4.500 millones de dólares. La pareja fue acusada de lavado de dinero, fraude y blanqueo de los fondos robados. Aunque se habían beneficiado de esta operación ilegal, la sentencia se centró en las consecuencias de sus actos y el daño que causaron al sistema financiero.

Schneider, quien había sido fundador de varias startups tecnológicas, incluidas plataformas de blockchain y criptocarteras, se declaró culpable de sus crímenes. Durante el juicio, expresó su arrepentimiento por haber malgastado sus talentos en actividades criminales, reconociendo que podría haber contribuido positivamente a la sociedad en lugar de involucrarse en delitos tan serios. A pesar de su remordimiento, la jueza Colleen Kollar-Kotelly, quien presidió el caso, destacó la naturaleza "meticulosamente planeada" del robo y el lavado de dinero, subrayando que este tipo de crímenes no podían quedar impunes.

La sentencia fue severa, y aunque Schneider había estado detenido durante dos años y nueve meses desde su arresto en febrero de 2022, se le impuso una condena de cinco años en prisión. A pesar de este castigo, Schneider pidió que su esposa, Lia Morgen, no fuera encarcelada. En su defensa, argumentó que ella había sido involucrada en el crimen debido a su relación con él, culpándose por su participación en el esquema. La jueza, sin embargo, mantuvo la acusación contra ambos, recordando que los crímenes que cometieron no solo fueron técnicamente complejos, sino también una grave violación de la ley.

El caso fue un recordatorio del poder de las criptomonedas para facilitar delitos financieros a gran escala, y las autoridades dejaron claro que este tipo de crímenes no quedarán sin consecuencias.

Además, la pareja enfrentó otras acusaciones relacionadas con el uso de los fondos robados, como la compra de oro, tarjetas de regalo y NFT, así como el intento de ocultar el origen de su riqueza.

La condena de Schneider, que podría haber sido mucho más grave, es un intento de equilibrar la justicia con su cooperación en el caso, pero la condena y las repercusiones para Morgan y él marcan un hito en la lucha contra el lavado de dinero y la ciberdelincuencia en el mundo de las criptomonedas. David Schneider, tras haber estado detenido durante más de dos años, recibió una sentencia de cinco años de prisión. Durante el juicio, Schneider expresó su remordimiento por sus actos, señalando que malgastó sus talentos en la delincuencia en lugar de contribuir positivamente a la sociedad. A pesar de su tiempo en prisión, Schneider espera poder aplicar sus conocimientos a la lucha contra la ciberdelincuencia cuando salga.

Por otro lado, Lia Morgen podría enfrentar consecuencias aún más graves. Aunque no se especificó una sentencia definitiva en el momento, los fiscales indicaron que los cargos en su contra son igualmente serios y podría ser condenada a una pena significativa por su participación en el robo y el lavado de dinero.

El amanecer del siglo XXI trajo consigo un cambio radical en la manera en que las personas entendían el dinero, la privacidad y la información. La red, que alguna vez fue vista como un simple medio de comunicación, se transformó en un campo de batalla invisible, donde las reglas tradicionales de la economía y la ley se desvanecían. En los rincones más oscuros de internet, nacían nuevas formas de poder que desafiaban todo lo que el sistema financiero global había construido durante siglos.

En los Estados Unidos, el epicentro de este caos digital, la escena era un enigma que cambiaba con cada segundo. Ciudades como Nueva York, San Francisco y Los Ángeles eran solo los reflejos visibles de una revolución mucho más profunda, una que ocurría en las sombras. Aquí, las grandes corporaciones y los gobiernos competían por el control de la información, mientras que, en el anonimato, millones de personas buscaban un pedazo de la nueva riqueza que surgía de las criptomonedas. Las criptomonedas, una vez vistas como una curiosidad marginal, habían tomado un protagonismo inesperado. Los bitcoineros, los traders, los hackers y los inversores estaban en constante guerra, no solo por el control de la moneda digital, sino por el control de algo mucho más valioso: la libertad. La libertad de moverse fuera de los sistemas tradicionales, la libertad de ser invisibles, de operar sin ser vigilados.

Las plataformas de intercambio de criptomonedas, de las cuales algunos nunca habían oído hablar, crecían en tamaño y poder. Pero detrás de estas plataformas, en los rincones más oscuros de la red, existían grupos de personas que no solo veían las criptomonedas como una forma de riqueza, sino como una herramienta para algo mucho más grande: la transformación del sistema económico global. Y aunque el caos era evidente, nadie sabía realmente hasta dónde llegaría este poder. Este caos digital era la semilla de una revolución silenciosa, donde las reglas no estaban claras y el futuro era incierto. Las grandes corporaciones estaban preparadas para explotar las nuevas oportunidades, pero al mismo tiempo, pequeñas células de hackers y visionarios se movían rápidamente, dispuestos a arriesgarlo todo. En el fondo de esta tormenta, el dinero fluía como nunca antes, y con él, las promesas de poder, control y riqueza sin límites.

El caos digital no solo se limitaba a los grandes mercados financieros. A medida que la tecnología avanzaba, también lo hacían las herramientas para crear, manipular y destruir información. La descentralización era la palabra clave. Mientras el mundo parecía ir hacia un futuro más interconectado, también se volvía más dividido. Las redes sociales, en lugar de unir, fragmentaban a la sociedad, y el control sobre los datos personales se había convertido en el nuevo campo de batalla.

A lo largo de este caos, surgían también las sombras: grupos anónimos que operaban bajo seudónimos, entidades que jugaban al límite de la legalidad y la ética. El término "hacker" ya no se refería solo a los criminales del pasado, aquellos que violaban contraseñas por diversión. Ahora, los hackers eran considerados visionarios, revolucionarios que querían reescribir las reglas del sistema económico.

Al mismo tiempo, el mercado de las criptomonedas, inicialmente una promesa de libertad financiera, estaba comenzando a mostrar sus grietas.

La especulación se había desbordado. Los intercambios de criptomonedas eran ahora gigantes financieros que competían con los bancos tradicionales, pero en un ambiente mucho más volátil, sin las restricciones legales y regulatorias que protegían a las instituciones financieras más tradicionales. Sin embargo, la desconfianza también crecía: las plataformas eran hackeadas con frecuencia, y el robo de fondos se había convertido en una constante. El sueño de un sistema económico descentralizado estaba siendo empañado por la realidad de un mercado cada vez más inestable. Y, como si fuera un fenómeno natural, el caos se infiltraba en la vida cotidiana. Los ciudadanos de a pie comenzaban a tomar conciencia de la creciente digitalización de sus vidas. Cada transacción, cada interacción, cada mensaje que enviaban a través de sus teléfonos inteligentes y computadoras, quedaba registrada en algún lugar. Y mientras la sociedad luchaba por entender las implicaciones de este nuevo mundo, algunos ya sabían cómo aprovecharse de él.

Los inversores veían una oportunidad en la criptomoneda, pero había algo más: un número creciente de personas empezaba a entender el verdadero potencial de la tecnología blockchain. No solo para la creación de monedas, sino para ocultar identidades, transferir dinero de manera segura y anónima, y escapar de las regulaciones tradicionales. La digitalización del dinero había traído consigo una libertad, pero también una vulnerabilidad. En este panorama, el país que alguna vez se había visto como el refugio de la libertad financiera ahora era un hervidero de tensiones. El gobierno, las corporaciones y los ciudadanos estaban atrapados en una batalla por el control. Pero lo que nadie veía era que, entre la maraña de transacciones y sistemas encriptados, algo mucho más grande estaba tomando forma.

A medida que el mercado de criptomonedas seguía creciendo, no solo los inversores tradicionales se interesaban por el potencial de estas monedas digitales, sino que también comenzaban a emerger figuras que, con una visión diferente, veían un campo fértil para explotar. En el caos digital, donde todo parecía ser una carrera por acumular riquezas, los límites entre lo legal y lo ilegal se difuminaban con facilidad.

Al principio, muchos lo hacían por curiosidad. El mundo digital ofrecía una sensación de anonimato que no existía en la economía tradicional. Las transacciones podían realizarse sin que nadie tuviera que verificar la identidad del involucrado, y con la promesa de grandes ganancias, los riesgos se volvían más atractivos que las consecuencias.

Las criptomonedas ofrecían la oportunidad de saltarse los bancos, las autoridades, y el sistema financiero global que había gobernado el flujo de dinero durante siglos. La tecnología detrás de la blockchain, que había sido vista como una forma de democratizar la economía, también resultó ser la herramienta perfecta para ocultar transacciones ilícitas y movimientos de dinero.

Pronto, los hackers, una vez considerados simples delincuentes digitales, se convirtieron en figuras clave dentro de este ecosistema. La gente comenzaba a comprender que el acceso al dinero fácil no solo se encontraba en invertir en criptomonedas, sino en manipular el sistema para obtener lo que deseaban. El robo de criptomonedas, especialmente a través de ataques a intercambios y billeteras digitales, se convirtió en una industria clandestina. A medida que los ataques se volvían más sofisticados, también lo hacían las mentes que los ideaban. En las sombras de este mercado nacían nuevos actores: genios de la tecnología que se habían dado cuenta de que la información, más que el dinero en sí, era la clave para acceder a una fortuna. Mientras unos se enfocaban en el mercado, otros preferían robar de manera directa, hackeando las plataformas y moviendo millones sin que nadie pudiera rastrear sus pasos. Eran invisibles, pero a la vez, muy visibles para aquellos que sabían cómo buscarlos.

Pero no solo los hackers eran los protagonistas de este nuevo juego. Empezaron a surgir personajes que, sin ser necesariamente expertos en programación o en la criptografía que sustentaba las monedas digitales, entendían perfectamente cómo manipular el sistema a su favor. Estos eran los visionarios, aquellos que con un conocimiento básico de las criptomonedas y una gran ambición, se adentraban en el juego para robar sin necesidad de dejar huella. Para ellos, el caos digital era el terreno perfecto para hacer crecer su riqueza, sin preocuparse por los riesgos.

El dinero fácil era la motivación que los impulsaba, y la sensación de que el sistema no podía atraparlos les otorgaba una falsa sensación de invulnerabilidad. Las criptomonedas, aunque descentralizadas y difíciles de rastrear, seguían siendo vulnerables a la codicia humana. Y a medida que los intercambios y las billeteras crecían, también lo hacían los agujeros en el sistema, los cuales eran rápidamente aprovechados por aquellos que se dedicaban a buscar fallas.

El robo de criptomonedas, lejos de ser un simple delito, se convirtió en un arte. Un arte donde la astucia, la paciencia y la habilidad para navegar el mundo digital eran los ingredientes esenciales. Y en este entorno, los personajes que pronto aparecerían en esta historia no solo eran jugadores, sino también piezas clave en una historia que, aunque parecía estar escrita por las reglas del mercado, en realidad era mucho más grande que cualquier transacción. Se trataba de un juego de supervivencia en el que, a pesar de las apariencias, todos jugaban sucio.

El caos digital seguía su curso, y en las sombras del ciberespacio, entre la multitud de figuras que intentaban hacer fortuna a costa del sistema, había una persona que ya había comenzado a dar los primeros pasos en el terreno de las criptomonedas, pero sin llamar demasiado la atención. No era un hacker, ni un genio de la programación. Su habilidad era más sutil: la capacidad de leer entre líneas, de observar los patrones que la mayoría no veía. Su nombre era David Scheister, y aunque aún no era conocido, pronto su nombre estaría en boca de todos.

David había nacido en una pequeña ciudad de Rusia, en un entorno donde las oportunidades no abundaban, pero donde la curiosidad y la inteligencia eran suficientes para abrir puertas. Desde joven, había sido un amante de las computadoras. No era un programador brillante, pero sí tenía un talento innato para comprender cómo funcionaban las cosas, para entender el sistema y cómo se podía manipular. A menudo, se encontraba desentrañando códigos, estudiando fallos de seguridad y buscando formas de mejorar sistemas. Pero a medida que crecía, la tecnología dejó de ser solo un pasatiempo para convertirse en una herramienta poderosa que podía utilizar a su favor.

Después de algunos años de trabajos humildes, David logró mudarse a Estados Unidos. Allí, se sumergió en el mundo de las criptomonedas. A diferencia de muchos, que solo veían una forma de inversión o una moneda alternativa, David veía algo más: una red de oportunidades infinitas, una infraestructura financiera global en la que las reglas del juego aún estaban siendo escritas. Las criptomonedas representaban un espacio sin fronteras, un lugar donde el control centralizado del dinero era reemplazado por un sistema que ofrecía anonimato, velocidad y, sobre todo, libertad.

El caos digital seguía creciendo, alimentado por el deseo de muchos de hacer dinero fácil. Las criptomonedas, en particular, emergieron como una de las principales revoluciones del siglo XXI. Para muchos, era una vía para escapar del control de los gobiernos y las instituciones financieras tradicionales. Pero para otros, era un campo fértil para la explotación, un lugar donde las reglas aún estaban siendo definidas y las oportunidades para aprovecharse de los vacíos legales eran abundantes. Rusia, en particular, fue uno de los países que rápidamente se sumó al auge de las criptomonedas. Aunque las autoridades rusas intentaron regular el mercado, la falta de legislación clara permitió que nacieran numerosas plataformas y empresas relacionadas con el intercambio y la inversión en criptoactivos. El país se convirtió en un centro neurálgico para quienes buscaban entrar en el negocio de las criptomonedas sin demasiadas restricciones. Las criptomonedas ofrecían algo que Rusia, con su historia de control gubernamental y desconfianza hacia las instituciones financieras, encontraba atractivas: la promesa de anonimato, la evasión de las restricciones bancarias y una oportunidad para saltarse el sistema tradicional.

En medio de este ambiente de incertidumbre y crecimiento rápido, David Scheister comenzó a adentrarse en el mundo de las criptomonedas. Inicialmente, su enfoque fue modesto: como muchos otros, empezó a invertir en algunas monedas, a estudiar sus fluctuaciones y a analizar el mercado. Pero a medida que profundizaba, se dio cuenta de que la verdadera oportunidad no estaba en invertir, sino en crear un sistema donde él mismo pudiera controlar el flujo de dinero.

A través de foros en línea, chats de criptomonedas y comunidades especializadas, Scheister comenzó a establecer contactos. A veces, las conversaciones eran sobre tecnología, otras veces sobre las últimas criptomonedas que prometían ser la próxima gran revolución. Fue allí donde comenzó a perfeccionar su plan. Decidió crear su propia plataforma, un intercambio de criptomonedas donde la gente pudiera invertir y hacer crecer su dinero rápidamente. Prometió rendimientos exorbitantes, una promesa tentadora para aquellos que querían aprovechar la fiebre del oro digital.

La plataforma de Scheister se presentó como un lugar donde cualquier persona, sin importar su nivel de conocimiento, podía ingresar al mundo de las criptomonedas y obtener grandes beneficios. Las promesas de rendimientos rápidos y sin esfuerzo hicieron que miles de personas, desde pequeños inversionistas hasta grandes especuladores, se unieran a su plataforma. El negocio comenzó a crecer, pero no era suficiente para Scheister. Quería más. Sabía que el sistema de criptomonedas, al estar descentralizado y en gran parte no regulado, le ofrecía una oportunidad única para jugar con las reglas.

Al principio, todo parecía funcionar como un reloj. Los depósitos llegaban de todas partes del mundo. Los inversores estaban felices viendo cómo sus fondos crecían, y las noticias sobre su plataforma se expandían rápidamente. Sin embargo, mientras más éxito lograba, más riesgos tomaba. Scheister empezó a realizar transacciones en los márgenes, manipulando algunas criptomonedas, usando el dinero de nuevos inversores para pagar a los antiguos, lo que más tarde se conocería como un esquema Ponzi. Pero mientras los rendimientos siguieran siendo altos y la gente siguiera depositando dinero, la mentira podría continuar.

A medida que su negocio crecía, también lo hacía la atención que recibía. Aunque en un principio la gente estaba dispuesta a creer en sus promesas, comenzaron a surgir preguntas. Algunos expertos comenzaron a investigar las plataformas que operaban sin una regulación clara, y los primeros indicios de que algo no estaba bien empezaron a emerger. Pero para Scheister, era demasiado tarde para retroceder. Ya había invertido demasiado tiempo, dinero y recursos en su creación. Sabía que si paraba, todo se desplomaría.

A medida que la presión aumentaba, Scheister decidió dar un paso más. Empezó a crear una red de empresas relacionadas, utilizando el dinero de sus inversores para abrir nuevas plataformas, nuevas oportunidades de inversión, y a través de una compleja red de transacciones, mantenía la ilusión de que todo estaba funcionando perfectamente.

Sin embargo, las grietas en su imperio digital comenzaban a aparecer, aunque él no lo sabía aún.

Desde pequeño, David Scheister mostró una fascinación por el mundo de la tecnología, pero no era un niño que sobresaliera por su brillantez académica. Su historia comenzó en un vecindario modesto, rodeado de paredes que apenas podían contener los sueños de quienes vivían en él. Creció en un entorno donde la educación no era siempre la prioridad, pero donde la curiosidad sí lo era. Su mente, siempre inquieta, buscaba respuestas a preguntas que muchos de los niños a su alrededor ni siquiera se atrevían a hacer.

La primera vez que Scheister se encontró con la tecnología fue a través de un viejo ordenador que su madre había comprado en una venta de garaje. Era un modelo obsoleto, pero para él, era una ventana al futuro. Pasaba horas frente a la pantalla, explorando los rincones de Internet y probando programas que no entendía del todo, pero que le emocionaban profundamente. Mientras otros niños jugaban al fútbol o se entretenían con juguetes, él se sumergía en la programación básica y en los primeros pasos del diseño gráfico, sin saber que aquellos simples juegos con el código serían el comienzo de su carrera.

A pesar de no destacar en las materias tradicionales, Scheister siempre fue un observador agudo. Su capacidad para ver patrones en lo que otros consideraban caótico lo hacía único. A menudo, se sentaba en el parque, observando a la gente y sus comportamientos, analizando las formas en que interactuaban, como si pudiera descifrar el código que regía la vida cotidiana. Para él, todo era información esperando ser descifrada.

Su adolescencia fue un período de descubrimiento. Fue cuando, por primera vez, escuchó hablar de la inteligencia artificial. La idea de que las máquinas pudieran aprender y crear, como lo hacía la mente humana, lo fascinó. Pasó meses investigando sobre el tema, leyendo artículos, viendo conferencias y probando pequeños programas de IA. A esa edad, no sabía cómo sería su futuro, pero algo dentro de él le decía que ese campo de la inteligencia artificial sería el camino que debía seguir.

A medida que pasaba el tiempo, David Scheister comenzó a desarrollar una habilidad rara: la capacidad de crear imágenes a partir de descripciones verbales. Aunque la tecnología de su tiempo no le permitía crear lo que imaginaba, él ya estaba anticipando una revolución que, aunque parecía distante, lo cautivaba. Comenzó a experimentar con el arte digital, tomando fotografías simples y manipulándolas en programas de edición. A veces, mezclaba fotografías de objetos cotidianos con conceptos surrealistas, creando imágenes que desafiaban la lógica y la percepción.

Sin embargo, no fue hasta que ingresó a la universidad que su vida dio un giro. Fue allí donde comenzó a entender la magnitud de la inteligencia artificial y su potencial para transformar el mundo.

Se rodeó de mentes brillantes, pero lo que lo distinguió fue su enfoque único para combinar el arte con la ciencia. Sus compañeros lo llamaban "el visionario", y aunque al principio se mostró reacio a aceptar esa etiqueta, pronto se dio cuenta de que sus ideas no eran tan descabelladas como pensaba. Empezó a trabajar en proyectos más ambiciosos, desarrollando algoritmos que no solo imitaban el arte humano, sino que lo expandían.

Scheister nunca fue el típico estudiante que se destacaba en los exámenes. Aunque su mente estaba llena de ideas, no siempre sabía cómo traducirlas al formato académico tradicional. Sin embargo, había algo en él que no podía ser ignorado: su capacidad para conectar los puntos. Mientras otros veían problemas como obstáculos, él los veía como oportunidades de aprendizaje. Si algo no le funcionaba, simplemente lo desechaba y comenzaba de nuevo, buscando siempre una forma de mejorar.

En la universidad, se encontró con muchos obstáculos. A pesar de su talento, sus compañeros a menudo no lo entendían. David era diferente. No se adaptaba a los métodos tradicionales de enseñanza y su forma de pensar no seguía las reglas establecidas. A menudo se le tildaba de excéntrico, incluso algo raro. Pero eso no le molestaba. Había aprendido a no prestar atención a las opiniones de los demás, centrando su energía en su trabajo y en sus proyectos. Su vida social era limitada, pero eso no le importaba. Prefería pasar sus noches en solitario, frente a la pantalla de su ordenador, escribiendo código o desarrollando nuevas ideas.

En sus años universitarios, una de las anécdotas que más lo marcó fue una competencia de programación que organizaba la universidad cada semestre. Aunque no estaba obligado a participar, Scheister decidió unirse, no con la intención de ganar, sino para probar hasta dónde podía llegar con sus propios límites. Durante las primeras rondas, se encontró con una competencia feroz. Los demás estudiantes, que venían de diferentes partes del mundo con formación técnica avanzada, parecían mucho más preparados que él. Sin embargo, David no se dejó intimidar. Durante una de las rondas finales, mientras todos los demás luchaban con un algoritmo complicado, él se retiró del grupo y, en lugar de seguir la solución estándar, decidió improvisar algo completamente diferente.

Al final, su solución no solo resolvió el problema de manera más eficiente, sino que también introdujo un concepto nuevo que nadie había considerado. La competencia no solo lo puso en el centro de atención, sino que le dio una confianza que nunca había tenido antes. Era la primera vez que sentía que su forma de pensar fuera de lo convencional podía ser valiosa, y esa revelación fue el catalizador que lo impulsó a continuar por el camino de la inteligencia artificial y la creación digital.

Sin embargo, sus logros no siempre fueron recibidos con entusiasmo. En el mundo de la tecnología, la competencia es feroz, y la industria de la inteligencia artificial no era la excepción. En su último año, Scheister decidió desarrollar una aplicación basada en IA que podía crear arte visual a partir de descripciones textuales. Estaba convencido de que este sería su gran avance, el proyecto que lo catapultaría al estrellato. Sin embargo, cuando presentó su aplicación a un grupo de inversionistas, la respuesta fue más fría de lo que esperaba. Aunque la idea era innovadora, no se consideraba "rentable" en ese momento. A muchos les parecía una tecnología demasiado avanzada para el mercado actual, y los inversores prefirieron apostar por proyectos más tradicionales.

Frustrado pero no derrotado, Scheister continuó perfeccionando su aplicación en secreto. Durante meses, trabajó día y noche, puliendo cada línea de código, asegurándose de que su visión estuviera completamente plasmada en su creación. Fue un período solitario, pero en esos momentos de aislamiento, encontró la claridad que tanto necesitaba. A veces, sentía que el mundo estaba en su contra, pero algo dentro de él le decía que su idea valía la pena, que solo necesitaba tiempo.

Una noche, mientras revisaba el código de su proyecto, tuvo una revelación. No se trataba solo de crear arte, sino de crear una nueva forma de interacción entre las máquinas y los humanos. Se dio cuenta de que su trabajo podría ir más allá de las simples imágenes generadas por computadora.

Podría ser una herramienta para crear experiencias únicas, una interfaz que permitiera a los usuarios no solo ver arte, sino también crear su propio universo visual con solo pensar en ello. Esta idea lo obsesionó durante semanas, y comenzó a desarrollar una versión más avanzada de su aplicación, con características que permitieran a los usuarios interactuar de manera más profunda con el contenido generado por IA.

La vida de David seguía su curso, con la constante búsqueda de nuevas ideas, nuevas soluciones y, sobre todo, la satisfacción personal de crear algo que realmente tuviera un impacto. A pesar de la aparente tranquilidad que parecía rodearlo, algo dentro de él le decía que había algo más allá de las pantallas y las líneas de código que lo rodeaban. Un vacío que, aunque no lo reconociera abiertamente, comenzaba a hacerse más evidente con el paso del tiempo.

Era una noche común, un evento al que había sido invitado por un amigo cercano, un antiguo compañero de la universidad que ahora trabajaba en el mismo sector. Era una fiesta, sí, pero no una fiesta convencional. No había grandes multitudes ni luces brillantes. Era más bien un encuentro pequeño, exclusivo, donde la mayoría de los asistentes compartían intereses similares en tecnología y arte digital. La invitación llegó a través de un correo electrónico, algo que David consideró más por cortesía que por interés real. Él no era del tipo de persona que disfrutaba de las multitudes o las interacciones sociales innecesarias, pero algo en la invitación lo impulsó a ir.

Al principio, todo parecía normal. Conversaciones sobre nuevos avances tecnológicos, discusiones sobre las últimas tendencias en inteligencia artificial y algunas bromas entre viejos amigos. David, como siempre, estaba en su mundo. Sus ojos escaneaban la habitación mientras su mente seguía pensando en su próximo proyecto. Sin embargo, hubo algo que lo distrajo. En un rincón de la sala, ella estaba de pie, conversando animadamente con un pequeño grupo de personas. Aunque no era la primera vez que la veía, algo en ese momento le hizo notar su presencia de una manera diferente. Su energía, su manera de hablar, de moverse... todo parecía tener un magnetismo único. Ella no encajaba en el entorno de la fiesta, y sin embargo, parecía ser el centro de atención sin esforzarse por ello.

Scheister no podía dejar de observarla, aunque trataba de disimularlo. No era de los que se acercaban a hablar con alguien sin tener una razón clara, pero en ese instante, la curiosidad lo venció.

Había algo en ella que lo desarmaba, algo que desafiaba su naturaleza reservada. Por un momento, se preguntó si realmente valdría la pena acercarse, pero la respuesta fue inmediata. La idea de quedarse en su esquina, observando desde la distancia, ya no parecía suficiente. Se sentía... atraído, pero no de la manera típica. No era solo la apariencia lo que le llamaba la atención. Era algo más profundo, una conexión que ni él mismo entendía.

Así, de manera casi involuntaria, David se acercó al grupo donde ella estaba. No tenía un plan, ni siquiera sabía qué iba a decir. Solo sabía que algo lo estaba impulsando a dar ese paso. Mientras se acercaba, sus pensamientos se entrelazaban, pero se mantenía centrado en la idea de que esta noche podría ser diferente, que quizás, solo quizás, podría conocer algo más que solo el mundo digital.

La música de fondo apenas alcanzaba a oírse entre las conversaciones, y el brillo de las luces parpadeaba suavemente sobre los rostros de los asistentes. David Scheister ya no estaba observando desde la distancia. Estaba allí, de pie, frente a un grupo de desconocidos que reían y discutían sobre las últimas tendencias en tecnología. Él no estaba completamente dentro de la conversación, pero algo había cambiado. Su atención, antes fija en la gente que lo rodeaba, ahora estaba completamente dirigida hacia ella.

Ella se encontraba en el centro del grupo, su risa ligera y contagiosa cortaba la densidad de la charla técnica que dominaba el ambiente. Había algo en su postura, algo en la forma en que su mirada recorría el cuarto, que lo hizo sentir que ella no era como los demás. No se trataba solo de su belleza, aunque indudablemente llamaba la atención, sino de la manera en que parecía estar completamente presente, conectada con todo y todos a su alrededor. David, por un instante, se quedó quieto, sin saber cómo acercarse. Pero no fue necesario. Ella lo vio antes de que él pudiera dar el primer paso.

Su mirada cruzó la habitación, como si ya lo estuviera esperando, como si de alguna manera supiera que él estaba allí.

¿Tú eres el que está detrás de David, verdad? —preguntó ella, con una sonrisa que mostraba más curiosidad que asombro.

David, sorprendido por la pregunta, titubeó un momento antes de responder.

Sí... soy yo —dijo, su voz un poco más baja de lo que habría deseado.

Ella se acercó un poco más, estudiándolo por un momento. Su presencia era cálida, pero a la vez había algo en ella que parecía ser imparable, una energía que desbordaba cualquier tipo de timidez que él pudiera haber tenido.

Nunca imaginé que te vería en un lugar como este —continuó ella, con una ligera risa. —Pensé que estarías más ocupado con tus proyectos, ¿o quizás es una excusa para salir de tu zona de confort?

David se rió nerviosamente, intentando ocultar la incomodidad que sentía. Pero había algo en su tono, en la forma en que lo decía, que le hizo sentir que ella no lo estaba juzgando. Era como si, en algún nivel, ella pudiera ver a través de él, sin presionar demasiado.

Supongo que también necesito un respiro de vez en cuando —respondió, sintiendo que, de alguna manera, sus palabras sonaban más sinceras de lo que pensaba.

Eso es lo que más me gusta de la gente como tú —dijo ella, inclinándose un poco hacia él, como si compartiera un secreto. —No buscan impresionar, simplemente son lo que son.

En ese momento, David se sintió como si una capa de invisibilidad se hubiera desvanecido. En lugar de ser el hombre detrás de la pantalla, el hombre que prefería observar desde la sombra, se sintió visto. Realmente visto.

¿Y tú? ¿Qué te trae por aquí? —preguntó, comenzando a recuperar algo de su compostura.

Ella sonrió, y Daniel no pudo evitar notar que su expresión era un enigma, como si estuviera en una búsqueda constante por algo que solo ella sabía. Me gustan los lugares donde la gente se conecta, no solo por lo que hacen, sino por lo que son. —Hizo una pausa, mirando a su alrededor antes de volver a centrar su atención en él. —Y, a veces, también me gusta romper las reglas.

David frunció el ceño, intrigado. Algo en su respuesta le decía que había mucho más de lo que ella estaba dejando ver. Pero por primera vez en mucho tiempo, David no sentía la necesidad de analizar, de entenderlo todo de inmediato. Solo sentía que debía escuchar. David Scheister no pudo evitar sentirse desconcertado. La conversación había sido breve, pero la intensidad con la que ella había captado su atención lo dejó sin palabras. Mientras ella se alejaba para unirse a otra conversación, él se quedó allí, de pie, inmóvil, con la cabeza llena de preguntas. ¿Quién era ella? Esa pregunta se repetía una y otra vez en su mente, como un eco que no podía ignorar.

Era como si, en cuestión de minutos, ella hubiera logrado desmantelar todas las barreras que David había construido alrededor de sí mismo. La forma en que hablaba, la seguridad que emanaba, la forma en que no tenía miedo de desafiar las expectativas, todo eso lo había dejado completamente atrapado. Pero, ¿por qué? ¿Qué era lo que lo había atraído tanto?

Decidió que no podía dejarlo pasar. Mientras la multitud continuaba conversando a su alrededor, David sacó su teléfono móvil de su bolsillo, su mente corriendo a mil por hora. Tenía que saber más sobre ella. No era solo curiosidad. Algo en él, algo profundo, le decía que había más en ella de lo que parecía a simple vista.

Se retiró de la fiesta antes de que pudiera darle una segunda oportunidad para volver a hablar con ella. Sabía que necesitaba tiempo, que necesitaba respuestas. No estaba acostumbrado a dejar las cosas al azar, y mucho menos a las personas que

se cruzaban en su camino de esta manera tan... intrigante.

Una vez en su apartamento, David se sentó frente a
su computadora. Sin pensarlo demasiado, abrió su
navegador y comenzó a buscar cualquier pista que
pudiera encontrar sobre ella. Su nombre, algo tan
simple, pero crucial. No tardó mucho en dar con
una página que mencionaba a una mujer con su
nombre. El primer enlace lo llevó a un perfil en una
red social profesional. Su foto de perfil mostraba
una mujer con una mirada decidida, pero también
cálida, como si supiera exactamente lo que quería.
En su biografía, había algo que le llamó la atención
de inmediato: "Innovadora en el campo de la inteligencia artificial, pero con una pasión por lo humano."

David frunció el ceño. ¿Qué quería decir eso? Había leído muchas biografías, pero nunca algo como esto. No era solo una declaración sobre su carrera o logros. Era algo más personal, algo que no encajaba en la norma de las descripciones de trabajo.

Siguiendo con su búsqueda, encontró más detalles sobre su trayectoria. Había trabajado en proyectos innovadores, startups tecnológicas, y había sido reconocida por su capacidad para fusionar la tecnología con la empatía, un concepto que a David le parecía fascinante, pero a la vez desconcertante. La gente rara vez hablaba de "empatía" en el mundo de la tecnología. En su mente, todo se reducía a datos, algoritmos y ganancias. Pero ella parecía ser una excepción.

La búsqueda continuó durante horas. Scheister investigó sus logros, su historia personal, incluso los eventos en los que había participado. Cada artículo, cada entrevista que encontraba, parecía dar una nueva capa a su identidad. Pero, aún así, no sabía nada sobre su verdadero yo. Esa era la sensación que le quedaba: ella seguía siendo un enigma. Se detuvo un momento, mirando la pantalla de su computadora, preguntándose por qué estaba tan obsesionado con alguien que apenas conocía. No solía ser así. Pero había algo en su presencia, algo que había tocado una fibra sensible en él. Y ahora, sin poder evitarlo, sentía que necesitaba entenderla.

David pasó horas frente a la pantalla, deslizando el cursor hacia abajo, absorbiendo cada fragmento de información que encontraba sobre ella. Cada página nueva parecía llevarlo más cerca de comprender quién era, pero a la vez, cada detalle parecía añadir más preguntas que respuestas. La mujer de la que apenas había intercambiado unas palabras en una fiesta ahora ocupaba cada rincón de su mente. En la red profesional, encontró una lista de sus proyectos más destacados. Había trabajado en varias startups tecnológicas, liderando equipos en áreas como inteligencia artificial, innovación social y tecnología aplicada a la salud. Sin embargo, lo que realmente captó su atención fue su enfoque en la conexión humana dentro de un campo tan frío y calculador como la inteligencia artificial. Había sido reconocida por integrar la empatía en la tecnología, un concepto que a David le parecía a la vez intrigante y algo fuera de lugar.

Decidió profundizar más. Abrió un enlace a una entrevista que había dado en una conferencia internacional sobre el futuro de la tecnología. La mujer frente a la cámara hablaba con una claridad impresionante, pero lo que realmente impactaba era su presencia. Había algo en su forma de expresarse que desafiaba todas las convenciones. Hablaba de la tecnología no solo como una herramienta, sino como un medio para mejorar la vida de las personas. Su pasión era palpable, y aunque su tono era profesional, se podía sentir la calidez en cada palabra. Scheister dejó escapar un suspiro mientras leía. ¿Cómo era posible que alguien pudiera hablar de tecnología de esa manera? Era tan diferente de todo lo que él había conocido en su carrera. La mayoría de las personas que él había conocido en ese mundo veían la tecnología como una simple vía para obtener ganancias, no como un puente hacia la mejora humana. Y sin embargo, ella lo hacía parecer tan sencillo, tan natural.

Pero eso no era todo. En un artículo más antiguo, David descubrió algo aún más sorprendente. Ella había sido una activista social en su juventud, participando en movimientos que promovían la justicia social, la equidad de género y los derechos humanos. Había crecido en una familia de clase media, en una ciudad pequeña, y su amor por la tecnología había nacido cuando, de niña, su madre le regaló su primer computador. Desde ese momento, se sumergió en el mundo de la informática, pero nunca perdió su deseo de usar la tecnología para el bien común.

A medida que leía, David comenzó a visualizarla de una manera completamente nueva. Ya no era solo una mujer en una fiesta, enigmática y fascinante. Era alguien con una historia profunda, con valores firmes que la habían llevado a construir una carrera fuera de lo común. Cada dato que encontraba sobre su vida parecía confirmar lo que había sentido en su primera conversación: ella era única, pero también compleja.

Scheister se sintió abrumado por la cantidad de información. ¿Cómo podía alguien tan brillante y tan apasionada estar tan conectada a los mismos ideales que él, pero en un campo tan distinto? ¿Y por qué lo había notado a él, un hombre que no compartía muchas de sus pasiones, al menos no de manera tan obvia?

Se recostó en su silla, mirando la pantalla en silencio. De repente, la imagen que había comenzado a formar de ella en su mente se desmoronó. Ella no era solo una profesional exitosa o una activista admirada. Era una persona, con sus propias luchas, sus propios miedos, y una visión del mundo que desafiaba todo lo que él pensaba saber sobre el campo de la tecnología. Y ahora, a través de la pantalla, él la conocía mejor que nunca.

Pero a pesar de todo lo que había descubierto, había algo que no encajaba. ¿Por qué no había más sobre su vida personal? En todas las entrevistas, artículos y perfiles que había encontrado, siempre había una brecha. No había menciones de amigos cercanos, familiares, o incluso de relaciones pasadas. Era como si hubiese logrado mantener una separación estricta entre su vida profesional y su vida privada. Scheister no podía dejar de preguntarse: ¿Por qué? David no podía dejar de pensar en ella. Cada vez que encontraba un nuevo detalle sobre su vida, se sentía más cautivado, pero también más confundido. ¿Por qué alguien tan brillante, tan apasionada, podía mantener su vida personal tan cerrada? A pesar de sus investigaciones, había algo que seguía faltando, un vacío que no podía llenar.

Decidió buscar en las redes sociales, pensando que tal vez encontraría algo más personal, algo que no estuviera cubierto en los artículos y entrevistas profesionales. Abrió su cuenta de LinkedIn, donde sus logros estaban perfectamente organizados, pero eso no era lo que él buscaba. No podía encontrar una pista de su vida más allá de su trabajo.

No había fotos personales, ni interacciones que mostraran algo de su vida fuera del ámbito profesional.

De repente, recordó algo que había leído en una entrevista, un pequeño detalle que le había llamado la atención: ella había mencionado que había viajado mucho en su juventud, pero nunca especificó a dónde ni por qué. ¿Qué había hecho en esos viajes? ¿Había estado sola, o había tenido alguien con ella? La curiosidad lo estaba consumiendo.

Quería saber más, pero todo lo que encontraba parecía estar cuidadosamente editado para mantenerla alejada del ojo público en su vida privada.

Decidió entonces dar un paso más y buscar su nombre en los foros y blogs de tecnología. Quizás, en ese mundo menos controlado, alguien podría haber hablado de ella de manera más personal. Al principio, no encontró nada fuera de lo común, solo más de lo mismo: artículos sobre sus proyectos, su visión para el futuro de la tecnología, y cómo su trabajo había impactado a varias startups. Pero entonces, en un rincón más oscuro de internet, encontró un comentario de un bloguero anónimo que hablaba de ella de una manera diferente.

El comentario decía: "No es lo que parece. No todo lo que brilla es oro. Algunas personas tienen secretos que ni el mejor de los perfiles puede ocultar." David frunció el ceño, intrigado por el comentario.

¿Qué secretos? ¿A qué se refería esa persona? El comentario no daba más detalles, pero algo en él hizo que David se sintiera inquieto. No podía dejar de pensar en lo que acababa de leer.

Sin embargo, no era suficiente. Necesitaba más. Decidió buscar sus publicaciones en foros de tecnología, buscando algo más personal. En uno de los foros más populares, encontró una vieja publicación de ella, mucho antes de que se hiciera famosa. Era un post en el que compartía su experiencia sobre cómo había sido rechazada varias veces en sus primeros años de carrera. Había hablado de su frustración, de la lucha constante para hacerse un lugar en un mundo dominado por hombres, y cómo había tenido que superar esas barreras para llegar a donde estaba.

Ese fragmento lo tocó de una manera inesperada. Scheister nunca había pensado en las dificultades que ella habría tenido que enfrentar, especialmente siendo una mujer en un campo tan competitivo. En ese momento, comenzó a entender mejor su carácter. Ella no era solo una mujer exitosa y ambiciosa; era una mujer que había tenido que luchar por cada paso que había dado. Cada desafío, cada obstáculo, había sido una prueba de su resiliencia. Scheister no podía evitar sentirse atraído por esa parte de ella. Era como si todo lo que había aprendido hasta ahora solo lo acercara más al misterio de quién era realmente. ¿Por qué había elegido mantenerse en la sombra? ¿Por qué había decidido proteger tanto su vida personal?

A medida que investigaba más, se dio cuenta de que su obsesión por ella había crecido de manera inesperada. No era solo una cuestión de curiosidad profesional o de admiración. Quería entend la, comprender la razón detrás de sus decisiones, y descubrir qué la motivaba realmente.

La obsesión de David con ella había alcanzado un nivel que ya no podía controlar. Cada tarde, al terminar su jornada, se sumergía en el mar de información que había reunido sobre su vida. Pero cuanto más buscaba, más se sentía atrapado en su propia investigación. Cada dato, cada pista que encontraba parecía llevarlo a más preguntas, pero nunca a respuestas definitivas.

En una tarde lluviosa de otoño, mientras revisaba más artículos sobre sus proyectos, David tropezó con algo que no había notado antes: una foto antigua, publicada en una página de fans de su trabajo, que la mostraba de pie frente a un mural de arte callejero. Era una foto que no tenía nada que ver con su carrera profesional. En la imagen, ella sonreía con una expresión relajada, como si estuviera disfrutando del momento. No era la mujer que él había visto en entrevistas, la ejecutiva de mirada fija y lenguaje técnico. Era una persona completamente diferente.

Scheister amplió la imagen y notó que estaba tomada en un lugar muy específico, un barrio conocido por su vida nocturna y su arte urbano. Esa era una zona que él conocía bien, un lugar lleno de historias no contadas. Sin pensarlo, marcó la ubicación en su mapa y decidió que iría allí. Quería ver ese lugar con sus propios ojos, descubrir más sobre el contexto de la foto, y tal vez, entender algo que le permitiera conocerla mejor.

Cuando llegó al barrio, el ambiente era completamente distinto al que había imaginado. El aire estaba cargado de música, conversaciones, risas y un bullicio que contrastaba con la imagen que él había tenido de ella. No parecía un lugar en el que alguien como ella, con su imagen pública, se pudiera perder. Pero, al mismo tiempo, era como si todo lo que él había investigado hasta ese momento fuera solo una máscara. ¿Quién era realmente? ¿Qué había detrás de su fachada profesional?

Scheister recorrió las calles, mirando cada rincón, buscando algo que le revelara más de ella. En uno de los bares del vecindario, vio a un grupo de jóvenes charlando animadamente. Se acercó y, casi sin pensarlo, preguntó sobre ella.

¿Conocen a una mujer llamada… —dudó un momento—, Lía?

Uno de los jóvenes lo miró con curiosidad y asintió. Claro, ¿quién no la conoce? Ella solía venir aquí hace unos años, pero ya no la hemos visto mucho. Es una de las personas más brillantes que he conocido. Pero siempre fue muy reservada, nunca hablaba mucho de sí misma.

El comentario dejó a David pensando. Ella no solo había sido una mujer exitosa en su campo, sino también alguien con un lado mucho más complejo, mucho más oculto. ¿Por qué había dejado atrás esa parte de su vida? ¿Qué la había hecho alejarse de ese mundo? Cada pieza que encontraba parecía ser solo la punta del iceberg, y la historia de Lía se estaba volviendo más enigmática con cada nuevo detalle. Esa noche, David regresó a su apartamento con más preguntas que respuestas. El encuentro con el joven había sido breve, pero suficiente para dejarlo con una sensación de incomodidad. Estaba claro que Lía había tenido una vida llena de secretos, y cada vez que él pensaba que había alcanzado algo, la verdad se desvanecía como niebla al amanecer.

Su mente no podía dejar de pensar en lo que había descubierto, pero también en lo que aún no sabía. Esa foto, ese barrio, esas pequeñas menciones... algo no encajaba. ¿Qué estaba ocultando? ¿Era posible que, en algún momento, ella hubiera decidido dejar atrás todo lo que había sido? ¿O había algo más, algo mucho más grande, que la había obligado a cambiar de rumbo? A medida que la noche avanzaba, David sintió una creciente sensación de urgencia. No podía seguir solo con preguntas sin respuestas. Necesitaba más información, algo que lo conectara directamente con ella.

No podía rendirse. Estaba más cerca que nunca de desentrañar el misterio de Lía, y nada lo iba a detener.

A medida que David pasaba más tiempo buscando información sobre Lía, la línea entre la fascinación y la obsesión comenzaba a desdibujarse. Cada nuevo dato, cada fragmento de su pasado, parecía arrastrarlo más profundamente en un torbellino del que no podía escapar. Se encontraba repasando una y otra vez los mismos archivos, las mismas entrevistas, como si en algún lugar, oculto entre las palabras, estuviera la clave que lo llevaría a comprenderla.

Una noche, después de revisar un par de documentos que había encontrado en una base de datos menos accesible, David tropezó con algo que le llamó la atención. Era una carta escrita por Lía, fechada varios años atrás. En ella, ella hablaba de su visión sobre el futuro de la tecnología y su lucha por hacer de la inteligencia artificial una herramienta accesible para todos. Pero lo que realmente capturó la atención de David no fue el contenido de la carta, sino la firma al final: "Con amor, L."
Ese pequeño detalle, esa firma que parecía tan simple, pero tan personal, despertó algo en él. ¿Quién era "L"? Había algo en esa carta que no en-

cajaba con la imagen pública de Lía. Algo más humano, más vulnerable. Durante semanas, David había visto a Lía como una figura distante, casi inalcanzable, pero ahora, esa carta le revelaba un lado de ella que nunca había imaginado.

Decidió investigar más a fondo sobre esa firma. A medida que escarbaba más en los archivos, encontró más menciones a "L". Algunas eran triviales, pero otras eran de un contexto más personal, como si Lía estuviera vinculada a algo o alguien importante en su vida que no había sido revelado públicamente.

Era claro que había una parte de su vida que ella había decidido ocultar, y David estaba decidido a descubrirla. Mientras más se sumergía en su investigación, más se sentía atraído por el misterio que la rodeaba. ¿Por qué ocultaba tanto? ¿Por qué esa necesidad de mantener en secreto una parte tan importante de su vida?

En medio de su investigación, David encontró una entrevista antigua, grabada en video, que había sido realizada antes de que Lía alcanzara la fama. En la grabación, ella parecía mucho más relajada, casi como una persona completamente diferente. Sonreía con facilidad, hablaba con pasión sobre sus ideas, y no había ni rastro de la imagen seria y calculadora que proyectaba hoy en día. Pero lo que más le impactó fue una pregunta al final de la entrevista: Lía, ¿dónde te ves en diez años?

Ella había sonreído, pero la respuesta había sido evasiva. No lo sé. Tal vez esté aquí, tal vez esté en otro lugar. Pero lo que sé es que lo haré a mi manera. Y si tengo que desaparecer para encontrar mi propio camino, lo haré.

Esas palabras resonaron en la cabeza de David.

¿Desaparecer? ¿Por qué había dicho eso? ¿Qué significaba para ella "desaparecer"? Estaba claro que había mucho más de lo que él había visto en su imagen pública. Y cuanto más buscaba, más se daba cuenta de que Lía había tomado decisiones que la habían alejado de su pasado. Había algo más grande detrás de su éxito, algo que la había llevado a construir una nueva identidad.

Esa noche, David se quedó despierto hasta tarde, con la mente llena de preguntas. Cada pieza de información que descubría parecía agregar más capas al misterio, pero también lo empujaba a un punto de no retorno. ¿Era realmente el momento de acercarse a ella? ¿O había algo en su vida que él no estaba preparado para descubrir?

Lo que estaba claro es que David ya no podía detenerse. La imagen de Lía, con su fachada impenetrable, había comenzado a desmoronarse en su mente. Ahora, la veía como una mujer compleja, llena de secretos y decisiones que la habían marcado de una manera que él aún no comprendía.

Pero estaba decidido a entenderla. Y lo haría a cualquier costo.

Scheister no podía apartar los ojos de la pantalla. Había encontrado otra pista, un detalle que lo acercaba aún más a entender quién era realmente Lía. En una publicación olvidada en los rincones de un foro académico, ella había dejado un comentario anónimo bajo el pseudónimo "LunarCipher". Aunque al principio no parecía tener importancia, las palabras escritas revelaban una mente brillante, pero también una profunda melancolía: "A veces, construir algo grande significa perder una parte de ti en el proceso. ¿Qué tan lejos llegarías para cumplir un sueño si eso significa sacrificar todo lo que amas?"

Ese mensaje lo dejó perplejo. ¿Qué había sacrificado Lía? La idea de que alguien tan brillante y exitoso pudiera haber pagado un precio tan alto por sus logros lo inquietaba. Empezó a conectar piezas, pero las respuestas parecían tan elusivas como las propias preguntas.

David se sumergió en los foros buscando más publicaciones bajo el mismo pseudónimo. Descubrió que "LunarCipher" había sido activo en discusiones relacionadas con ética en la inteligencia artificial, privacidad y, sorprendentemente, teorías sobre cómo los sistemas podrían volverse autónomos para proteger a sus creadores.

Había algo profundamente personal en esas ideas. Una de las publicaciones incluso parecía referirse a un evento específico:

"No todos los que trabajan para cambiar el mundo lo hacen por el bien común. Algunos lo hacen para huir de su propio pasado."

Estas palabras lo detuvieron en seco. Por primera vez, David sintió una conexión entre Lía y él. ¿Acaso ella también había estado huyendo? ¿De qué o de quién?

La investigación lo llevó a una conferencia que Lía había dado años atrás, antes de su ascenso meteórico en el mundo de la tecnología. En ese evento, se la veía menos segura, menos distante. Era una versión más joven de ella, llena de pasión, pero también de vulnerabilidad. Al final de la conferencia, un periodista le había preguntado:

Lía, si pudieras cambiar algo de tu pasado, ¿qué sería?

Ella había sonreído con tristeza y respondió con una frase que resonaría en la mente de David por días:

Cambiar el pasado sería como intentar reescribir un libro que ya has leído. Prefiero enfocarme en escribir los capítulos que aún no existen.

Esta respuesta lo hizo detenerse. ¿Qué tan profundo era el pasado de Lía? ¿Qué secretos guardaba con tanto celo? Scheister empezó a cruzar referencias entre las fechas, eventos y lugares en los que Lía había estado. Descubrió que, antes de alcanzar la fama, ella había desaparecido del radar público por casi un año. Nadie sabía exactamente dónde había estado ni qué había hecho durante ese tiempo. Las pocas pistas que existían apuntaban a una región remota en Europa del Este, pero todo era especulación. A medida que avanzaba, comenzó a notar patrones en su comportamiento público. Era evidente que Lía había construido una fachada cuidadosamente elaborada, diseñada para mantener a la gente a distancia. Pero detrás de esa máscara, David podía vislumbrar a alguien que luchaba constantemente con su propia humanidad. Esa noche, mientras revisaba las últimas notas y publicaciones que había recopilado, algo cambió en él. Ya no se trataba solo de curiosidad. Había algo más profundo, una necesidad de entenderla no solo como un objeto de fascinación, sino como una persona.

Decidió que tenía que acercarse más a ella, pero no podía hacerlo de manera obvia. Si algo había aprendido en sus investigaciones, era que Lía desconfiaba de cualquiera que intentara cruzar la barrera que había construido alrededor de sí misma.

El próximo paso era claro: tenía que encontrar una manera de estar en su mundo sin ser detectado. Solo entonces podría descubrir la verdad sobre quién era realmente Lía y qué había llevado a esa mujer enigmática a convertirse en el centro de su obsesión. Scheister había planificado cuidadosamente cada paso. Sabía que acercarse a Lía sería complicado, pero su determinación lo impulsaba.

Había descubierto que ella asistía regularmente a un exclusivo evento de networking en Nueva York, una reunión informal para los grandes nombres del mundo tecnológico y financiero. No era fácil conseguir acceso, pero David, con su habilidad para manipular información y contactos, logró obtener una invitación bajo un nombre falso.

La noche del evento, el lugar era un despliegue de lujo y opulencia: un ático con vista panorámica al skyline de Manhattan, iluminado por candelabros de cristal y decorado con arte moderno. El sonido del jazz suave llenaba el aire mientras los invitados conversaban en pequeños grupos, sosteniendo copas de vino y cócteles exclusivos.

Scheister entró con calma, pero sus ojos estaban enfocados en un solo objetivo: Lía.

Ella estaba allí, como él había anticipado, hablando con un pequeño grupo de empresarios. Llevaba un vestido negro sencillo pero elegante, con un aire de confianza que parecía magnético. Mientras los demás reían y charlaban, Lía permanecía ligeramente distante, observando más de lo que participaba. David se acercó a la barra, manteniendo a Lía en su visión periférica. No podía simplemente caminar hacia ella; eso sería demasiado obvio. En cambio, esperó su oportunidad, escuchando fragmentos de las conversaciones a su alrededor y ajustando su plan en tiempo real.

La oportunidad llegó cuando Lía se alejó del grupo y se dirigió hacia una mesa donde estaban exhibidas varias muestras de un nuevo dispositivo tecnológico. Daniel se movió con precisión calculada, asegurándose de que su camino se cruzara con el de ella.

Cuando ambos estaban lo suficientemente cerca, él hizo su jugada: Impresionante, ¿verdad? —dijo, señalando el dispositivo mientras lo sostenía entre sus manos—. Aunque creo que exageran con las funciones. A veces, menos es más.

Lía lo miró, primero con curiosidad y luego con una leve sonrisa que parecía mezclada con escepticismo. ¿Y qué sugerirías? —respondió, con un tono que era mitad interés genuino, mitad desafío.

David se encogió de hombros.

Un diseño más enfocado en la experiencia del usuario, menos en impresionar a los inversores. Es fácil perderse en los detalles cuando intentas complacer a todos.

Ella inclinó la cabeza, como si estuviera evaluándolo. Interesante punto. ¿Trabajas en diseño?

David sonrió, eligiendo sus palabras cuidadosamente. Digamos que me interesa cómo las personas interactúan con la tecnología. Creo que las mejores ideas surgen cuando piensas más allá de lo que es obvio.

Lía asintió lentamente, como si su respuesta hubiera superado una prueba invisible.

Es raro encontrar a alguien que piense así en eventos como este. Normalmente, todos están más interesados en hablar de números y tendencias.

Bueno, alguien tiene que hablar de lo que realmente importa, ¿no? —replicó él, manteniendo un tono casual, pero directo.

La conversación continuó por unos minutos más, cada palabra cuidadosamente medida, cada gesto diseñado para construir una conexión sin parecer desesperado. Lía parecía relajarse un poco, aunque David podía notar que seguía alerta, evaluando cada detalle.

Finalmente, Lía extendió su mano.

David—respondió él, usando el nombre que había puesto en su invitación.

Fue un momento breve, pero cargado de significado. David sabía que acababa de cruzar una línea importante. Había entrado en su mundo, aunque fuera solo un paso.

Mientras la noche avanzaba, intercambiaron más palabras, siempre con cuidado, siempre midiendo el terreno. Para David era solo el comienzo de algo mucho más grande.

La noche del evento continuó con una cadencia que parecía diseñada por el destino. David y Lía intercambiaron algunas palabras más antes de que ella se excusara, moviéndose hacia otra conversación. Para cualquier observador, aquello habría sido un encuentro breve, casi insignificante, pero para David, fue suficiente para confirmar que había captado su atención, aunque fuera mínimamente.

A lo largo de la velada, él la observó con discreción, estudiando sus movimientos y cómo interactuaba con los demás. Había algo fascinante en la forma en que manejaba las conversaciones: nunca decía demasiado, pero siempre dejaba una impresión. Su sonrisa era precisa, sus comentarios calculados, como si cada palabra fuera una pieza de un rompecabezas que solo ella podía entender.

Lía, por su parte, no parecía notar la presencia constante de David, o al menos no lo demostraba. Pero en un momento, mientras recogía una copa de vino de la barra, sus ojos se cruzaron brevemente con los de él. Fue un instante, nada más, pero suficiente para que David supiera que ella lo recordaba.

La velada llegó a su fin sin más interacciones directas entre ellos. David dejó el evento poco después de que Lía se despidiera de los anfitriones y desapareciera en un auto negro con chofer. Sin embargo, él no necesitaba más esa noche; tenía lo que buscaba: un punto de inicio.

Al día siguiente, David se sumergió en la investigación. La tecnología, su aliada más fiel, le proporcionó rápidamente los primeros datos: Lía no era un nombre desconocido en ciertos círculos, aunque mantenía un perfil sorprendentemente bajo para alguien de su calibre. Sus rastros eran fragmentarios, casi como si los hubiera dejado a propósito, desafiando a quienes intentaran conectarlos. Encontró una serie de artículos en publicaciones tecnológicas y económicas que mencionaban su nombre como asesora en varias startups prometedoras. Su experiencia abarcaba desde inteligencia artificial hasta biotecnología, siempre como una figura detrás de escena, nunca en el centro. Había un patrón claro: Lía parecía elegir proyectos con un potencial transformador, pero siempre dejaba antes de que alcanzaran su pico de éxito. Lo que más intrigaba a David eran los espacios vacíos en su historial. Entre cada proyecto, había períodos de tiempo en los que no había información disponible. Era como si desapareciera, borrando cuidadosamente sus pasos antes de reaparecer con un nuevo enfoque.

Cada descubrimiento aumentaba la fascinación de David, pero también su frustración. Por primera vez en mucho tiempo, sentía que estaba lidiando con alguien cuyo nivel de inteligencia y estrategia igualaba al suyo.

Sin embargo, lo que más lo desconcertó fue una fotografía que encontró en un artículo antiguo.

Era una imagen de Lía en un evento en Berlín, tomada unos cinco años antes. En la esquina de la foto, casi fuera de cuadro, estaba un hombre que Scheister reconoció de inmediato: uno de los líderes de un grupo clandestino de hackers con los que había trabajado brevemente en el pasado.

El hallazgo lo dejó atónito. ¿Qué hacía Lía en la misma habitación que alguien como él?

El enigma de Lía Morgen se volvía más profundo con cada respuesta, y David supo que estaba entrando en un juego más grande de lo que había imaginado. Scheister y Lía comenzaron a cruzarse en eventos similares con una frecuencia que parecía demasiado coincidente para ser accidental. Al principio, sus interacciones eran cortas, limitadas a intercambios triviales sobre tecnología, arte o economía. Parecían dos individuos que simplemente compartían intereses, sin nada que indicara un vínculo más profundo.

Sin embargo, para quienes observaban de cerca, había algo peculiar en la forma en que se buscaban entre la multitud. Aunque siempre mantenían las apariencias, sus encuentros parecían planeados, como si ambos supieran exactamente dónde estar y cuándo. Lía, con su carisma calculado, parecía disfrutar jugando con las expectativas de quienes la rodeaban. Mientras tanto, David, con su naturaleza reservada y metódica, parecía desconcertado y fascinado a partes iguales por ella. A pesar de sus diferencias, había algo que los conectaba: un entendimiento tácito de que ambos operaban en un nivel distinto al del resto.

En uno de esos eventos, un simposio privado sobre criptomonedas y su impacto en las economías emergentes, Lía hizo algo que sorprendió a David. Durante un panel, mientras los ponentes discutían sobre los riesgos y beneficios de las inversiones en blockchain, ella lanzó una pregunta que parecía dirigida a él, aunque no estaba en el escenario: ¿Qué pasa cuando el sistema mismo está diseñado para ser vulnerable? David levantó la vista, encontrándose con su mirada desde el otro lado de la sala. No respondió en ese momento, pero supo que esa pregunta no era casual. Fue el inicio de una conversación no verbal, un intercambio que solo ellos dos entendían. Con el tiempo, sus interacciones se trasladaron fuera de los eventos públicos. Comenzaron a reunirse en lugares discretos: cafeterías poco frecuentadas, bibliotecas privadas, incluso chats cifrados en la red oscura. Allí, sus conversaciones tomaron un giro más personal, pero también más enigmático.

Scheister comenzó a descubrir aspectos de Lía que no coincidían con la imagen que había construido de ella. Su aparente control absoluto ocultaba momentos de vulnerabilidad que ella rara vez mostraba. Por su parte, Lía parecía disfrutar desafiando la lógica impecable de David, forzándolo a cuestionar sus propias certezas.

A pesar de todo, ninguno de los dos daba señales claras de sus verdaderas intenciones. ¿Era un juego? ¿Un experimento? ¿O algo más profundo que ninguno estaba dispuesto a admitir?

Fue en una de esas reuniones clandestinas donde algo cambió. No está claro quién plantó la semilla de lo que vendría después. Quizás fue David con su obsesión por los sistemas y su capacidad para encontrar brechas en cualquier estructura. O tal vez fue Lía, con su habilidad para ver más allá de lo evidente y transformar lo improbable en realidad.

La conversación comenzó como cualquier otra, con teorías sobre el futuro de la tecnología y la economía global. Pero en algún momento, las palabras tomaron otro tono. ¿Qué pasaría si pudiéramos rediseñar las reglas? —preguntó Lía, su voz suave pero cargada de intención. Scheister no respondió de inmediato. Su mente ya estaba trabajando, analizando las posibilidades, las consecuencias.

No se sabe si ese fue el momento exacto en que nació la idea, pero sí fue el punto en el que ambos comenzaron a mirarse no solo como aliados potenciales, sino como iguales en un juego mucho más grande. Lo curioso es que, para el mundo exterior, seguían siendo dos desconocidos que ocasionalmente coincidían en los mismos círculos.

Nadie sospechaba la conexión que se estaba formando entre ellos, ni el plan que comenzaba a tomar forma en las sombras.

Fue esa discreción lo que les permitió avanzar sin levantar sospechas. Para todos, David seguía siendo el genio tímido y reservado, mientras que Lía mantenía su papel como la misteriosa asesora de proyectos imposibles. Pero, en privado, estaban construyendo algo que nadie podría haber anticipado. El vínculo entre David y Lía creció en un espacio ambiguo, entre lo profesional y lo personal, lo público y lo privado. Sus reuniones pasaron de ser esporádicas a frecuentes, sus conversaciones de lo teórico a lo íntimo, y sus interacciones comenzaron a mostrar destellos de algo más profundo que un simple intercambio de ideas.

A pesar de su timidez y carácter reservado, David encontró en Lía una especie de caos que complementaba su orden. Ella, en cambio, parecía fascinada por la lógica implacable y la calma casi impenetrable de él. Eran opuestos, pero en lugar de repelerse, sus diferencias parecían funcionar como piezas de un rompecabezas diseñado para encajar perfectamente.

Pasaban horas juntos, a veces en absoluto silencio, trabajando en proyectos que parecían sin rumbo claro, pero que siempre llevaban a conclusiones inesperadas. En otras ocasiones, sus conversaciones derivaban en temas filosóficos, explorando preguntas como: ¿Qué define la autenticidad en un mundo donde todo puede ser replicado?

Quizás no la verdad, sino el impacto que genera —respondió Lía una vez, dejando a David pensativo.

Fue durante este periodo que algo en Lía comenzó a cambiar. Aunque siempre había sido excéntrica, empezó a mostrar un lado aún más impredecible. Sus ideas se volvieron más audaces, sus planes más arriesgados, y su personalidad, más teatral. Scheister observaba con intriga cómo la mujer que antes era calculadora y misteriosa comenzaba a transformarse en algo completamente diferente.

Un día, durante una de sus reuniones, Lía apareció con una cámara y un guion improvisado.

Vamos a hacer un video —dijo con una sonrisa traviesa. ¿Un video? ¿De qué? —preguntó David, desconcertado. Confía en mí.

El resultado fue un extraño montaje que mezclaba frases enigmáticas, efectos visuales caóticos y música de fondo que parecía compuesta por inteligencia artificial. Lía, como siempre, era la protagonista, pero insistió en que David pareciera, aunque solo fuera de manera fugaz.

Con el tiempo, estos videos se volvieron más frecuentes y más elaborados. Lía adoptó un alter ego: una rapera excéntrica con un estilo que combinaba líricas filosóficas y críticas sociales con una estética deliberadamente absurda. David, aunque reticente al principio, comenzó a involucrarse más, ayudándola con la edición y aportando ideas que añadían una capa de complejidad técnica a sus proyectos.

El mundo exterior empezó a notar estos cambios. Aunque los videos eran crípticos y difíciles de interpretar, comenzaron a ganar una audiencia pequeña pero devota en círculos alternativos de internet. Nadie sospechaba que detrás de estas creaciones estaba David, quien prefería mantenerse en las sombras. Fue en este periodo de creatividad desenfrenada que comenzaron a surgir rumores sobre su relación. Aunque seguían siendo discretos, pequeños detalles —una mirada prolongada,

una risa compartida, una referencia en un video—
comenzaron a despertar sospechas.

El momento en que su conexión se hizo más evidente fue cuando Lía dejó entrever en uno de sus videos que había cambiado su lugar de residencia. Aunque no lo dijo explícitamente, los seguidores más atentos notaron detalles que sugerían que estaba viviendo con alguien, y las especulaciones no tardaron en apuntar a David.

La convivencia entre ellos marcó un punto de inflexión. Mientras el mundo exterior empezaba a construir narrativas sobre su relación, ellos seguían operando en un nivel que pocos podían entender.

Sus proyectos conjuntos se volvieron más ambiciosos, sus planes más osados, y su conexión, más evidente. Pero la verdadera pregunta seguía siendo: ¿qué los unía realmente? ¿Era una alianza estratégica, una relación romántica, o algo completamente distinto? Mientras sus vidas públicas seguían trayectorias aparentemente separadas, con él centrado en sus proyectos de criptomonedas y ella cultivando su personaje extravagante, había algo que ambos compartían en privado: una conexión intensa que desafiaba la lógica y las expectativas. A medida que se mostraban más al mundo, lo que realmente ocurría entre ellos se volvía más confuso para quienes intentaban descifrarlos. Scheister continuaba trabajando metódicamente en sus empresas. Su enfoque seguía siendo atraer inversores a plataformas innovadoras que prometían revolucionar el mercado financiero. Había construido una reputación impecable como alguien confiable, aunque reservado, alguien que parecía entender los secretos de un sistema que para muchos era un enigma. Sin embargo, detrás de fachada profesional, su mente estaba cada vez más ocupada por Lía y su impredecible energía.

Ella, en cambio, parecía haber encontrado en su alter ego un propósito que la absorbía por completo. Sus días estaban llenos de sesiones de grabación, producción de videos y la constante reinvención de su imagen pública. Su personaje era una mezcla de genialidad y caos, alguien que parecía existir en un universo paralelo, ajeno a las reglas del mundo real.

En público, parecían dos personas completamente diferentes, viviendo vidas independientes. Pero en privado, sus mundos empezaron a entrelazarse de formas que pocos podrían haber imaginado. Aunque no era evidente para los demás, había momentos en los que sus proyectos se cruzaban, momentos en los que las ideas de uno influían en las del otro, momentos en los que sus conversaciones se volvían tan abstractas que solo ellos podían entenderlas.

Scheister, siempre meticuloso, comenzó a notar patrones en los movimientos de dinero y las oportunidades que surgían en el espacio digital. Aunque nunca había considerado usar su conocimiento para algo más allá de lo legítimo, las conversaciones con Lía comenzaron a despertar en él preguntas que antes nunca se habría hecho. Ella, con su mente caótica pero brillante, a menudo lanzaba ideas que parecían descabelladas al principio, pero que, al analizarlas, tenían una lógica subyacente que lo intrigaba.

¿Te das cuenta de que todo esto es solo un juego? —le dijo Lía una noche mientras repasaban uno de sus proyectos.

¿A qué te refieres? —preguntó él, levantando la mirada de su computadora.

Todo. Las criptomonedas, el mercado, incluso mi personaje. Todo es una ilusión que la gente elige creer. Si supieran cómo manipular esa ilusión, podrían controlarlo todo.

David no respondió de inmediato, pero las palabras de Lía se quedaron en su mente.

Mientras tanto, los videos de Lía seguían ganando popularidad, y con ellos, su ego seguía creciendo. Sus seguidores la idolatraban, pero también había quienes empezaban a cuestionar su autenticidad, sugiriendo que todo lo que hacía era una estrategia cuidadosamente diseñada para llamar la atención. Esto no parecía afectarla; de hecho, parecía disfrutar del caos que generaba.

En paralelo, David comenzó a notar algo peculiar: pequeñas anomalías en sus plataformas. Movimientos de dinero que no parecían encajar del todo, transacciones que, aunque no ilegales, parecían diseñadas para ocultar algo. En lugar de preocuparse, estas irregularidades despertaron su curiosidad.

No está claro en qué momento exacto comenzó a considerar la posibilidad de ir más allá de lo legal. Tal vez fue una idea que surgió en una conversación con Lía, tal vez fue algo que siempre había estado en su mente, esperando el momento adecuado. Lo que sí está claro es que, en algún punto, sus intereses comenzaron a alinearse de formas que los llevaron a un terreno peligroso.

Aunque nunca discutieron abiertamente la posibilidad de cometer un robo, había una especie de entendimiento tácito entre ellos. Lía, con su creatividad ilimitada y su habilidad para captar la atención de las masas, y David, con su conocimiento técnico y su capacidad para navegar sistemas complejos, eran una combinación perfecta.

Era como si ambos estuvieran jugando un juego que solo ellos entendían, un juego en el que las reglas no estaban escritas y en el que las consecuencias eran desconocidas.

La relación entre David y Lía era, en muchos sentidos, una paradoja. A los ojos del mundo, seguían siendo dos figuras que orbitaban en esferas completamente distintas: él, con su perfil técnico y reservado, un hombre que parecía preferir la compañía de los algoritmos a la de las personas; y ella, un torbellino de energía creativa, capaz de convertir cualquier interacción en un espectáculo.

Sin embargo, en privado, había algo magnético en su conexión. No era solo atracción o admiración mutua, era algo más profundo, más visceral, una especie de sinergia que ni ellos mismos podían explicar del todo. Las conversaciones que compartían, aunque a menudo desconectadas de la realidad, estaban llenas de ideas, hipótesis y planes que oscilaban entre lo brillante y lo delirante.

Fue durante una de esas noches, en las que el tiempo parecía detenerse mientras hablaban, que comenzaron a trazar líneas que más tarde se entrelazarían en un plan que cambiaría sus vidas para siempre. Lía, recostada en el sofá de cuero del departamento de David, jugaba con un mechón de su cabello mientras él revisaba gráficos en su laptop.

¿Sabes qué es lo que realmente me fascina de ti? —preguntó ella de repente, rompiendo el silencio

¿Qué cosa? —respondió él sin apartar la vista de la pantalla.

Tu capacidad para entender cosas que la mayoría de las personas ni siquiera saben que existen.

Él sonrió, aunque no dijo nada. Estaba acostumbrado a los halagos de Lía, pero había algo en la forma en que lo decía, como si viera en él algo que él mismo no había reconocido aún.

Lía Morgen continuó, esta vez con un tono más serio:

David si tuviéramos que hacerlo, si decidiéramos crear algo que nadie más pudiera entender, ¿qué sería?

Esa pregunta quedó suspendida en el aire. No era la primera vez que Lía lanzaba ideas así, pero esta vez había algo diferente. Había una intención detrás de sus palabras, una chispa que él no podía ignorar. Dependería de lo que quisiéramos lograr —respondió finalmente, sin apartar la vista de la pantalla. Libertad —dijo ella, casi susurrando.

Esa palabra resonó en su mente. Libertad. No era un concepto que él asociara con su vida. Su mundo estaba lleno de reglas, sistemas y estructuras. Pero la forma en que Lía lo dijo, como si fuera algo tangible, algo alcanzable, lo dejó pensando.

Las semanas siguientes estuvieron marcadas por un cambio sutil pero significativo en su dinámica. Las conversaciones que antes eran meramente hipotéticas comenzaron a adquirir un tono más práctico. Hablaron de sistemas, de vulnerabilidades, de posibilidades. Nunca lo llamaron por su nombre, pero ambos sabían de qué estaban hablando.

Lía, por su parte, seguía construyendo su personaje público. Sus videos eran cada vez más elaborados, más extravagantes. Había adoptado una estética que combinaba lo retro con lo futurista, una mezcla de elementos que desconcertaba a sus seguidores pero que mantenía su atención. Era i posible predecir qué haría a continuación, y eso era precisamente lo que la hacía tan fascinante.

Scheister, mientras tanto, trabajaba en silencio. Su rutina no había cambiado a los ojos de quienes lo rodeaban, pero en privado, estaba empezando a construir algo, una estructura que aún no tenía forma definida, pero que prometía ser revolucionaria.

Fue en este punto, cuando sus mundos comenzaron a superponerse de manera más tangible, que la relación entre ellos empezó a volverse más evidente para quienes los observaban de cerca. Aunque no lo admitieran públicamente, había un vínculo que era imposible de ignorar.

Y sin embargo, seguían siendo un misterio. Nadie sabía realmente qué los unía, qué compartían o qué planeaban. Solo ellos conocían la verdad, una verdad que apenas comenzaba a tomar forma.

Con el tiempo, lo que parecía ser una relación de conveniencia para ambos se convirtió en algo mucho más intrincado. David Scheister y Lía Morgen no solo compartían ideas; comenzaron a construir un mundo propio, un espacio donde sus visiones podían coexistir y alimentarse mutuamente.

Él, en su laboratorio improvisado, lleno de pantallas, cables y pizarras llenas de ecuaciones, encontraba en Lía una fuente de inspiración inesperada.

Ella, con su capacidad para conectar con la gente a través de su extravagante personaje público, era

la chispa que él necesitaba para convertir sus teorías en algo tangible.

¿Sabes? La gente me ve como un espectáculo —
dijo Lía una noche mientras revisaba uno de sus
últimos videos—. Pero lo que no entienden es que
todo esto es parte de un plan.

Scheister levantó la vista de su laptop. Había
aprendido a escucharla con atención, porque incluso en sus divagaciones más alocadas, siempre
había algo de valor.

¿Un plan para qué? —preguntó, con una curiosidad
que no pudo disimular.

Para crear algo que nadie más pueda controlar.

Esas palabras lo golpearon con fuerza. Lía tenía
una manera de expresar ideas que parecían absur-

das al principio, pero que al analizarlas más a fondo, revelaban una lógica impecable.

Fue entonces cuando comenzaron a delinear lo que más tarde se conocería como el "proyecto".

Nunca le dieron un nombre oficial, pero para ellos era algo más que un simple esquema. Era una idea revolucionaria que combinaba los conocimientos técnicos de Scheister con la capacidad de Lía para manipular la percepción pública.

Mientras él trabajaba en los aspectos técnicos, construyendo sistemas y diseñando algoritmos que desafiaban las reglas establecidas, ella perfeccionaba su personaje público. Sus videos se volvieron más provocativos, más enigmáticos. Hablaba en acertijos, dejando pistas que solo los más atentos podían descifrar.

El proyecto avanzaba en silencio, oculto a plena vista. Scheister utilizaba su red de contactos para acceder a información privilegiada, mientras que Lía explotaba su creciente fama para desviar la atención de los verdaderos objetivos de su plan. Era un juego peligroso, pero ambos sabían que estaban hechos para ello.

Sin embargo, a medida que su relación se volvía más intensa, también comenzaban a surgir tensiones. Scheister, siempre meticuloso y reservado, se encontraba luchando por mantener el control mientras Lía, con su naturaleza impulsiva y caótica, a menudo tomaba decisiones que ponían todo en riesgo.

No puedes seguir improvisando así —le dijo una noche, con un tono más severo de lo habitual—. Esto no es un juego, Lía.

¿Y quién dice que no? —respondió ella, desafiante A veces, para ganar, tienes que romper las reglas.

Esa era la esencia de su relación: un constante tira y afloja entre la lógica fría de David y la pasión desenfrenada de Lía. Y aunque a menudo chocaban, también sabían que no podían lograr nada sin el otro.

Fue en ese punto que el proyecto comenzó a tomar una dirección más clara. Mientras David perfeccionaba los sistemas que permitirían el acceso a cuentas y fondos que parecían inalcanzables, Lía se aseguraba de que nadie sospechara de ellos. Cada video, cada post, cada interacción pública estaba diseñada para mantener la atención del mundo en la fachada que habían creado.

Pero lo que nadie sabía, ni siquiera ellos, era que estaban a punto de cruzar una línea de la que no habría retorno.

Mientras el proyecto avanzaba, el mundo exterior seguía siendo ajeno a lo que realmente ocurría entre ellos. Lía y David vivían en dos planos paralelos: uno público, lleno de luces, cámaras y la ilusión de una vida caótica pero inofensiva, y otro privado, donde los cálculos, los algoritmos y las estrategias cuidadosamente diseñadas se entrelazaban con sus cada vez más complejas emociones.

David había aprendido a interpretar los patrones más intrincados en el mundo digital, pero con Lía, nada era predecible. Ella, con su espontaneidad y magnetismo, parecía desafiar todas las reglas que él consideraba inmutables. Y sin embargo, en esa contradicción, encontraba una extraña armonía.

—¿Alguna vez has pensado en lo que pasará si fallamos? —preguntó David una noche, rompiendo el silencio de su estudio.

Lía, que estaba sentada en el suelo revisando comentarios en sus redes sociales, levantó la vista con una sonrisa despreocupada.

Si fallamos, simplemente será otra historia más para contar.

Pero él no podía compartir su ligereza. Para David, cada movimiento era un cálculo, y el margen de error era mínimo. Sin embargo, había algo en la forma en que ella afrontaba el riesgo que lo fascinaba. Fue durante una de esas noches que surgió un giro inesperado. Mientras David revisaba los datos de uno de los sistemas que había implementado, Lía se le acercó con un cuaderno lleno de garabatos y esquemas incomprensibles.

He estado pensando —dijo, sentándose junto a él Si realmente queremos que esto funcione, necesitamos algo más. Algo que la gente no pueda ignorar.

¿A qué te refieres? —preguntó, sin apartar la vista de la pantalla.

Un símbolo. Una imagen. Algo que haga que todos nos recuerden.

David levantó la vista, intrigado. Aunque su mente estaba acostumbrada a procesar datos y números, sabía que el impacto visual tenía un poder que él no podía ignorar. Lía continuó explicando su idea, dibujando en el aire con sus manos mientras hablaba. Piensa en los grandes movimientos, en las marcas que la gente no puede olvidar. Necesitamos algo así. Algo que haga que incluso cuando desaparezcamos, la gente siga hablando de nosotros.

Y así, el proyecto comenzó a evolucionar en una dirección inesperada. Lo que antes era un plan meticuloso para acceder a fondos y manipular sistemas se transformó en algo más ambicioso, más arriesgado. Lía comenzó a trabajar en lo que ella llamaba "la máscara": una serie de videos y publicaciones que desafiaban las normas, que mezclaban verdades y mentiras de manera tan convincente que nadie podía distinguir una de la otra. Mientras tanto, Daniel refinaba los sistemas, asegurándose de que cada paso estuviera cubierto, que cada huella fuera borrada. A medida que el tiempo pasaba, la línea entre lo real y lo ficticio comenzó a desdibujarse. Lía se convertía cada vez más en su personaje público, mientras que David, aunque intentaba mantenerse en las sombras, empezaba a ser inevitablemente arrastrado por la intensidad de su compañera. Fue en ese momento, en el pico de su colaboración, cuando algo cambió. Una noche, mientras revisaban los detalles de su próximo movimiento, David se detuvo y la miró fijamente. ¿Alguna vez has pensado en lo que estamos haciendo? —preguntó, su voz cargada de una mezcla de fascinación y duda. Lía sonrió, pero esta vez, su sonrisa tenía un matiz diferente, casi melancólico. Todo el tiempo. Pero si no lo hacemos nosotros, alguien más lo hará. Sus palabras quedaron suspendidas en el aire, y en ese momento, ambos supieron que habían cruzado un punto de no retorno. A medida que Lía y David continuaban desarrollando su proyecto, su relación personal se fortalecía de manera inesperada. Lo que había comenzado como una colaboración basada en intereses mutuos y habilidades complementarias evolucionó en una conexión más profunda. Lía, con su energía vibrante y creatividad desbordante, encontraba en David un equilibrio perfecto: su calma, lógica y capacidad para resolver problemas complejos eran un ancla en medio de su caos creativo.

El público, sin embargo, seguía viendo solo lo que ellos querían mostrar. Los videos de Lía se volvieron cada vez más elaborados, mezclando música, mensajes crípticos y elementos visuales diseñados para captar la atención. Su presencia en redes sociales crecía exponencialmente, atrayendo a seguidores fascinados por su estilo único y su audaz personalidad. Mientras tanto, David permanecía en las sombras, asegurándose de que cada movimiento estuviera respaldado por una red impenetrable de sistemas que protegían su verdadera identidad y la de Lía. Un día, en medio de esta vorágine de actividad, ocurrió algo que marcó un punto de inflexión. Durante una de sus habituales sesiones de planificación, Lía mencionó casualmente la idea de oficializar su relación.

¿Te imaginas? —dijo, con una sonrisa traviesa—. Nosotros, casados. Sería el espectáculo perfecto. David levantó la vista de su computadora, sorprendido por la sugerencia. Aunque sabía que Lía solía lanzar ideas al aire sin pensarlas demasiado, algo en su tono le hizo detenerse.

¿Hablas en serio? —preguntó, sin saber si reír o preocuparse. ¿Por qué no? —respondió ella, encogiéndose de hombros—. Ya somos inseparables. Esto solo haría que todos hablaran aún más de nosotros. La idea quedó flotando en el aire, y aunque ninguno de los dos lo admitió en ese momento, ambos comenzaron a considerarla seriamente. En los meses siguientes, su relación se volvió aún más pública, aunque siempre mantuvieron un aire de misterio. Las especulaciones sobre su vínculo romántico comenzaron a circular en foros y redes sociales, pero ni Lía ni David confirmaban ni desmentían nada. Fue durante esta etapa que empezaron a aparecer las primeras señales de alarma.

Las autoridades, alertadas por la creciente notoriedad de Lía y los movimientos financieros inusuales que David había ejecutado con maestría, comenzaron a investigar. Aunque ambos eran expertos en mantener sus actividades ocultas, sabían que la atención no deseada podría complicar sus planes. Sin embargo, lejos de amedrentarse, utilizaron esta situación a su favor. Lía comenzó a incorporar referencias sutiles a estas sospechas en sus videos, jugando con la narrativa de ser una figura rebelde que desafiaba al sistema. Mientras tanto, David reforzaba sus medidas de seguridad, asegurándose de que cada rastro de sus operaciones estuviera cuidadosamente borrado o desviado. Finalmente, en un evento inesperado, Lía y David decidieron dar un paso que cambiaría el rumbo de su historia. Organizaron una ceremonia privada, rodeados de un selecto grupo de amigos y colaboradores, y se casaron. La noticia no tardó en filtrarse, desatando una oleada de atención mediática. A partir de ese momento, su relación se convirtió en el centro de todas las miradas. Aunque seguían trabajando en su proyecto con la misma dedicación, el escrutinio público y las crecientes sospechas de las autoridades añadieron una nueva capa de tensión a su vida.

Pero Lía y David no se detuvieron. Al contrario, comenzaron a planear su próximo movimiento, conscientes de que cada paso los acercaba tanto a su objetivo como al riesgo de ser descubiertos.

A medida que la relación entre Lía y David avanzaba, la dualidad de sus vidas también comenzaba a

volverse más evidente. Aunque el mundo los conocía como una pareja excéntrica, un tanto enigmática, y con un proyecto que parecía desafiar las
convenciones, en privado ambos tenían una visión
mucho más ambiciosa. A través de su relación,
comenzaron a explorar áreas cada vez más complejas, y fue Lía quien introdujo a David en el mundo de las criptomonedas. Aunque él ya tenía una
vasta comprensión de las tecnologías digitales y la
programación, las criptomonedas le parecían un
terreno desconocido y arriesgado. Pero, como
siempre, la curiosidad y el impulso por entender la
mentalidad de Lía lo llevaron a sumergirse en ese
mundo. Lía, por otro lado, tenía una fascinación
por las criptomonedas desde hacía tiempo. Había
seguido su evolución y entendía no solo los aspec-

tos tecnológicos, sino también el potencial de los mercados descentralizados. En sus videos, solía hacer referencias sutiles a temas de criptografía, blockchain y la "liberación del sistema financiero tradicional", sin revelar demasiado sobre su propio involucramiento. Su enfoque siempre había sido audaz, siempre un paso adelante en su capacidad para anticipar las tendencias y los cambios.

Una noche, después de uno de esos videos donde ella jugaba con su imagen de "rebelde del sistema", Lía compartió una idea con Daniel que cambiaría su vida. ¿Sabes? Podríamos empezar a invertir en criptomonedas, pero de una forma diferente. —le dijo mientras repasaban algunos de sus proyectos. —¿Cómo diferente? —respondió él, curioso, sin entender bien hacia dónde quería llegar.

—No solo como inversión, sino como una forma de mover dinero de manera... más... privada, sin las restricciones de los bancos. Podríamos crear un sistema que nos permita tener acceso a fondos de manera más fluida. No todo tiene que estar en el radar de los gobiernos.

Scheister frunció el ceño, procesando lo que ella decía. Era una idea arriesgada, pero sabía que Lía tenía una forma de ver el mundo que, aunque parecía imprudente, a menudo resultaba ser brillante. Decidió seguirle el juego.

Juntos comenzaron a investigar más a fondo sobre el mundo de las criptomonedas, con Lía guiando el camino mientras David se encargaba de la parte técnica. En poco tiempo, ambos establecieron una red de carteras digitales, empezaron a realizar pequeñas transacciones y a aprender las complejidades de los mercados. Lía, siempre con su toque provocador, comenzó a integrar referencias a criptomonedas en sus videos, utilizando símbolos y códigos que solo aquellos que realmente entendían el sistema podrían reconocer.

El verdadero cambio vino cuando comenzaron a utilizar las criptomonedas no solo para inversión, sino también para mover grandes sumas de dinero sin que se rastreara su origen. Lía había aprendido a usar las criptos de manera estratégica, comprando bienes, artículos de lujo y propiedades a través de plataformas descentralizadas. A su vez, David usaba su conocimiento de programación para crear estructuras que ayudaban a ocultar el rastro de sus transacciones. De este modo, no solo ganaban dinero de manera legal, sino que también establecían una red de transacciones ilegales y encubiertas, utilizando las criptomonedas para adquirir propiedades y artículos de lujo que, de otra manera, hubieran sido imposibles de conseguir.

A pesar de que el mundo los veía como una pareja excéntrica, nadie sospechaba que detrás de su fachada se encontraba un plan mucho más complejo. Lía continuaba con su imagen de artista rebelde y Daniel se mantenía en su papel de genio silencioso, siempre detrás de las cámaras, mientras en la oscuridad de la web y en transacciones que solo ellos entendían, ambos iban construyendo una fortuna.

A medida que las criptomonedas comenzaron a ganar más notoriedad, la pareja encontró formas cada vez más sofisticadas de utilizar este sistema para hacer crecer su imperio. Comenzaron a mover grandes cantidades de dinero a través de diversas plataformas de intercambio, siempre con la misma discreción. Mientras tanto, Lía seguía creando su imagen pública, cada vez más distante de la persona que en realidad era. Su vida privada, en cambio, era cada vez más entrelazada con las operaciones secretas que ambos mantenían.

La gente veía a Lía como la cara visible del proyecto, pero era David quien operaba en las sombras, tejiendo una red de empresas y transacciones que les permitían acumular grandes sumas de dinero.

Ambos sabían que estaban jugando un juego peligroso, pero se sentían invencibles, como si su conexión los protegiera de cualquier amenaza externa.

A lo largo de los meses, Lía y David vivieron en un estado de tensión constante. Aunque ambos sabían que sus actividades no pasarían desapercibidas para siempre, también sabían que tenían el control. Por un tiempo, todo parecía funcionar sin problemas. Las criptomonedas seguían siendo su herramienta perfecta para mover dinero de manera invisible, comprando propiedades y artículos de lujo en diferentes partes del mundo, siempre bajo capas de anonimato. Mientras tanto, la imagen pública de Lía continuaba siendo la de una artista rebelde y de vanguardia, un personaje que rompía moldes y desafiaba las expectativas. Scheister, en su rol de genio oculto tras las sombras, manejaba las finanzas y la logística detrás del telón.

No fue hasta que comenzaron a expandir su red que las cosas empezaron a cambiar. Lía, aunque había creado una fachada de artista disruptiva, no dejó de lado su astucia para manejar el dinero. De hecho, comenzó a interesarse más por el mercado de criptomonedas, entendiendo cada vez mejor su funcionamiento y sus posibilidades. David, por su parte, le enseñaba todo lo que sabía sobre el sistema, y juntos empezaron a mover grandes cantidades de dinero de forma aún más agresiva, sin preocuparse demasiado por las consecuencias.

Durante ese tiempo, comenzaron a hacer transacciones más visibles, comprando propiedades en áreas de lujo y participando en subastas de arte. El dinero fluía a través de cuentas offshore y se disfrazaba con inversiones legítimas, pero a medida que se volvieron más audaces, las huellas se fueron dejando atrás. No se dieron cuenta de que los pequeños movimientos, esos que al principio parecían inocentes, comenzaban a llamar la atención.

El FBI, en sus investigaciones rutinarias sobre el mercado de criptomonedas, comenzó a notar ciertos patrones. Transacciones que no tenían sentido, compras exorbitantes sin una fuente de ingresos clara, y especialmente, una serie de inversiones relacionadas con Lía que levantaron las primeras sospechas. Pero no fue inmediato. Al principio, todo parecía coincidir con las operaciones legales que muchas personas hacían con criptomonedas. Pero los detalles más pequeños empezaron a encajar, y los investigadores fueron acercándose poco a poco. El avance en la investigación fue lento, pero constante. Los agentes del FBI empezaron a rastrear las direcciones IP, las cuentas de criptomonedas y las empresas ficticias que Lía y Daniel habían creado para mover el dinero.

Lía y David se habían convertido en una pareja conocida por su presencia en las redes sociales, pero su éxito era tan sutil como abrumador. La gente no sabía mucho de ellos, pero los vídeos, las imágenes perfectas y las fiestas llenas de glamour les daban una presencia única. Era como si todo lo que hicieran estuviera destinado a impresionar y a mostrar un estilo de vida fuera de lo común, pero, al mismo tiempo, ellos se mantenían inalcanzables, en un nivel que muchos solo podían soñar alcanzar. En cada vídeo, Lía aparecía más confiada, con vestidos lujosos, joyas brillantes y un aire de seguridad que no dejaba lugar a dudas. Sus seguidores, miles de ellos, la veían como una fuente de inspiración, un ejemplo de éxito y libertad. Mientras tanto, David, en su rol menos visible, seguía controlando la parte técnica. Se encargaba de la parte administrativa, de los negocios detrás de la cámara, de las transacciones, y de los movimientos de dinero que poco a poco iban ganando en magnitud. Cada fiesta que organizaban era una exhibición de opulencia. Invitaron a influencers, artistas y personajes de alto perfil, quienes rápidamente se sumaron a la corriente de admiración por su estilo de vida. No había una fiesta sin luces de neón, sin música electrónica de fondo, sin champán fluyen do como si no tuviera fin. En sus publicaciones, la vida parecía perfecta, pero había algo detrás de todo eso que no encajaba del todo.

Las criptomonedas, el centro de su imperio, se movían constantemente en el fondo. Aunque el público no entendía realmente cómo funcionaban, el dinero parecía fluir sin cesar. Las cuentas digitales, llenas de números que cambiaban constantemente, fueron solo el primer paso en su expansión.

Lía hablaba a menudo sobre sus "inversiones inteligentes" y sus "proyectos innovadores", sin entrar en detalles, pero todos los que la seguían la veían como una experta, como alguien que había descubierto el secreto del éxito.

En las redes sociales, la vida parecía estar al alcance de todos, pero solo unos pocos conocían el verdadero motor detrás de todo. La gente no preguntaba de dónde venía tanto dinero, sino cómo podían ser parte de ese mundo. Scheister, en su silencio, continuaba moviendo las piezas en el tablero, realizando transacciones, comprando propiedades, lanzando nuevas empresas. Cada vez que alguien los cuestionaba sobre cómo podían permitirse tal estilo de vida, ellos respondían con una sonrisa y un discurso sobre el "éxito digital", el "emprendimiento" y "la visión de futuro". Pero nadie podía saber lo que realmente estaba sucediendo en las sombras.

Las fiestas se volvían más exclusivas, y los vídeos más elaborados. Lía comenzó a rodearse de otros personajes del mundo digital, como influencers y emprendedores, creando una red de personas que no solo admiraban su éxito, sino que querían ser parte de él. Mientras tanto, David estaba siempre en segundo plano, gestionando las transacciones y asegurándose de que todo el sistema estuviera funcionando a la perfección.

El dinero continuaba fluyendo, y con él, la confianza en que nada podría detenerlos. Las compras de lujo se volvían más grandes, las propiedades más caras, y las fiestas más deslumbrantes. Todo parecía indicar que estaban viviendo en una burbuja que nunca explotaría, que habían encontrado la fórmula secreta para vivir sin restricciones. Pero el secreto, aunque cuidadosamente oculto, comenzaba a hacer ruido. La gente hablaba. Algunos sospechaban que todo no era tan legítimo como lo pintaban, pero, al final, todo se reducía a una simple pregunta: ¿cómo lo hacían? La respuesta estaba en las criptomonedas, en los movimientos que hacían sin ser detectados, en las empresas que solo existían en el papel. Mientras ellos continuaban su ascenso, el mundo los veía como ejemplos de éxito, sin imaginar lo que se escondía detrás de su imagen perfecta.

Sin embargo, algo comenzaba a cambiar. Las señales eran sutiles al principio: comentarios extraños en redes sociales, preguntas incómodas sobre el origen de su riqueza. Nadie podía saber con certeza lo que estaba pasando, pero algo en el aire estaba a punto de cambiar. Lía y David continuaban con su vida, como si nada estuviera sucediendo, pero las sombras que los rodeaban comenzaban a alargarse. El FBI, como una sombra en el fondo, ya estaba prestando atención. Las transacciones que parecían inocentes, las grandes cantidades de dinero moviéndose a través de las criptomonedas, ya no pasaban desapercibidas. La investigación se estaba armando poco a poco, sin que Lía y David pudieran notar que las piezas se estaban alineando. La vida pública de Lía y David seguía en auge, pero las preguntas que comenzaban a surgir serían las que, tarde o temprano, destaparían todo.

A medida que el dinero seguía fluyendo hacia sus cuentas, las señales se volvían cada vez más evidentes. Lía y David continuaron mostrando al mundo su vida de lujo, mientras mantenían una fachada de normalidad en sus redes sociales. Los vídeos seguían siendo cada vez más elaborados, las fiestas se volvían más extravagantes, y su presencia en la web parecía más dominante. Para el público, todo parecía parte de un juego bien ejecutado, una representación de éxito que no levantaba sospechas. Sin embargo, detrás de las cámaras y en el mundo de las criptomonedas, algo mucho más oscuro estaba sucediendo.

Lía, quien había creado su personaje en línea como una estrella del rap y figura de la cultura digital, no solo estaba produciendo música, sino también moviendo cantidades masivas de dinero a través de plataformas de intercambio de criptomonedas. En su mundo público, todo parecía perfectamente coordinado, pero en la sombra, el FBI comenzaba a atar cabos.

Mientras tanto, S David seguía trabajando en sus empresas y desarrollando proyectos legales que le ayudaban a mantener su imagen limpia. Aunque no era tan visible como Lía en el escenario público, su influencia estaba detrás de muchos de los movimientos financieros que ellos realizaban. Había creado un entramado de negocios, cuentas y empresas que le permitían operar sin levantar demasiadas sospechas. A pesar de sus esfuerzos por ocultar su implicación, las transacciones de dinero, en especial las que comenzaban a involucrar grandes sumas de criptomonedas, no podían mantenerse en la oscuridad para siempre.

Las transacciones no solo eran de grandes cantidades, sino que también se realizaban de forma estratégica. Lía, con su fama y sus vídeos virales,

no solo generaba dinero a través de sus seguidores, sino que también atraía a un círculo más am-
plio de personas interesadas en invertir o ser parte
de su éxito. Todo esto alimentaba el sistema,
creando una burbuja que tarde o temprano tendría
que estallar. Fue a través de las investigaciones sobre estas transacciones que el FBI empezó a trazar
los movimientos de dinero, vinculándolos a las
cuentas de Lía y David. Al principio, el caso parecía ser solo una serie de transacciones sospechosas, pero pronto los investigadores se dieron cuenta de que había algo mucho más grande en juego.
Lo que más llamó la atención del FBI fue cómo
todo se estaba moviendo tan rápido. Grandes cantidades de criptomonedas se convertían en dinero
fiat y se utilizaban para adquirir propiedades, vehí-

culos de lujo, y otras inversiones. La rapidez con la que todo esto sucedía no coincidía con el perfil de las personas involucradas. Era evidente que había algo más detrás de su aparente éxito. El punto de inflexión llegó cuando las plataformas de intercambio de criptomonedas empezaron a alertar sobre movimientos sospechosos. Aunque la mayoría de las transacciones se hacían de manera que evitaban las revisiones más estrictas, las sumas de dinero y los patrones de conversión eran inusuales.

El FBI, al ver estos patrones, empezó a seguir la pista más de cerca, lo que los llevó a descubrir que Lía y David eran los responsables.

Aunque al principio parecían tener el control total de la situación, pronto se dieron cuenta de que las investigaciones se estaban acercando a ellos.

Mientras continuaban su vida pública de lujo, los rastros digitales empezaban a apretar cada vez más. El círculo de personas involucradas también comenzaba a reducirse, y lo que antes parecía ser una operación secreta se estaba desmoronando poco a poco. Durante todo este tiempo, Lía y David seguían con su fachada pública sin hacer mención de las dificultades o el riesgo que enfrentaban.

Las fiestas continuaban, los vídeos seguían siendo producidos, y su vida en las redes sociales era la misma, llena de ostentación, lujo y éxito. Si bien en privado podrían haber tenido conversaciones sobre lo que estaba pasando con el dinero y las transacciones, jamás dejaron entrever ninguna preocupación. De hecho, lo contrario parecía ser cierto: la confianza que mostraban era absoluta.

El hecho de que no mostraran miedo o inseguridad en sus acciones sugería varias cosas. Podría ser que no comprendieran completamente el alcance de lo que estaban haciendo, o que realmente pensaran que su sistema estaba tan bien diseñado que nunca podrían ser atrapados. Tal vez, se sentían como figuras intocables, parte de un mundo digital que parecía escapar de las reglas tradicionales. Su éxito había sido tan rápido y tan espectacular que parecía casi lógico que pensaran que podían seguir operando sin consecuencias.

Había momentos en los que parecía que el riesgo estaba completamente fuera de su radar. Por ejemplo, en sus viajes, como el que mencionas, a lugares como Rusia, donde las criptomonedas eran más flexibles en términos de regulación, podrían haber visto la oportunidad de escapar de cualquier tipo de control occidental. Sin embargo, en todo momento, su vida pública no reflejaba ninguna clase de temor o de cautela. Aunque sabían que las transacciones que estaban haciendo eran de alto riesgo, nunca se mostraron precavidos en sus movimientos. Tal vez pensaban que mientras siguieran adelante, el sistema nunca los atraparía. La combinación de su arrogancia y el hecho de que pensaban que todo estaba bajo control les permitió mantener la calma y continuar con sus vidas como si nada estuviera sucediendo. ¿Era una estrategia para desviar la atención? ¿O realmente se sentían invulnerables debido a su conocimiento de las criptomonedas y las brechas en la ley? Esta dualidad en su comportamiento, entre el riesgo que tomaban y la falta de miedo, es lo que los hacía parecer casi imbatibles.

Pero, por otro lado, tal vez la falta de miedo también fue un error de cálculo. La creencia de que podían seguir operando de esta manera sin ser atrapados les dio una falsa sensación de seguridad. Con el paso del tiempo, las investigaciones del FBI se intensificaron, pero ellos seguían sin mostrar ninguna señal de nerviosismo. Esto, irónicamente, les permitió continuar con su vida, como si nada estuviera pasando, mientras el sistema legal se acercaba a desentrañar toda la operación.

A medida que el FBI se acercaba, la tensión se fue acumulando lentamente, aunque para el público seguía siendo todo parte de un show perfectamente coreografiado. Este contraste entre la aparente calma de Lía y David y la realidad que se estaba tejiendo en las sombras es lo que hizo que su caída fuera tan impactante. La gente no sabía que, mientras todo parecía estar bajo control, ellos ya estaban al borde de ser descubiertos.

Mientras la vida de Lía y David continuaba en su rutina de lujo, fiestas y videos, la verdad de lo que estaban haciendo comenzaba a emerger lentamente, acercándose a la superficie. La sensación de invulnerabilidad que habían cultivado se estaba desmoronando poco a poco, aunque ellos no parecían notar la gravedad de la situación. De hecho, la vida que proyectaban solo incrementaba la desconexión con la realidad de las consecuencias que podían enfrentar.

Era una vida construida sobre una fachada, una que ellos mostraban al mundo a través de las redes sociales y los videos perfectamente producidos. Todo parecía estar en su lugar, pero en el fondo, los hilos que sostenían su mundo comenzaban a aflojar. Los lujos que compartían con su público eran la manifestación de un éxito que parecía ilimitado, pero no sabían que la red de investigaciones estaba tejiéndose con precisión.

Los gastos desmedidos, las fiestas exclusivas, las compras de objetos caros y la constante ostentación eran señales de que algo no estaba bien. Cada vez más se preguntaban aquellos que los conocían, o incluso algunos seguidores, cómo era posible que dos personas pudieran vivir a ese nivel sin un respaldo legítimo que lo justificara. Pero ellos, en su mundo, no pensaban en las consecuencias. Continuaban con su vida como si nada pudiera detenerlos.

Lo que no sabían, o tal vez no querían saber, era que las transacciones de criptomonedas que realizaban estaban siendo rastreadas. Aunque la blockchain ofrece un grado de anonimato, no es completamente infalible. Cada vez que movían grandes cantidades de dinero, aunque intentaban disimularlo o usar diferentes cuentas, el rastro estaba ahí.

No se podía borrar. La tecnología, en este caso, comenzaba a jugar en su contra.

El FBI, que en principio pudo haber estado centrado en otros casos, comenzó a juntar las piezas. En un principio, los movimientos eran invisibles, pero a medida que los fondos se comenzaban a mover de manera más agresiva, los investigadores empezaron a conectar los puntos. Las transacciones que parecían normales al principio, las compras y los movimientos de dinero que se realizaban en criptomonedas, empezaron a destacar en los registros. Los patrones comenzaron a surgir.

Sin embargo, Lía y David seguían en su mundo. Mientras ellos mostraban al público sus lujos y su éxito, las autoridades comenzaban a observar sus pasos con más detalle. Aunque sus movimientos eran cuidadosos, las transacciones más grandes y el flujo constante de dinero empezaron a levantar sospechas. Las criptomonedas no podían ocultar por completo el origen de los fondos. El FBI empezó a seguir el rastro de cada transacción, y aunque el dinero se había movido por todo el mundo, cada pista apuntaba a ellos.

Lo que no sabían era que el cerco se estaba cerrando lentamente. Las transacciones en criptomonedas, aunque aparentemente anónimas, dejaron suficientes rastros para que los expertos pudieran rastrear los flujos de dinero. Mientras ellos seguían publicando más videos, más fiestas y más ostentación, el FBI estaba tras sus pasos, recabando toda la información necesaria para finalmente descubrir la magnitud del golpe.

El FBI comenzó a seguir el rastro de las criptomonedas, pero para llegar a Lía y David, necesitaban más que solo transacciones. A medida que los fondos comenzaron a moverse de forma más visible, hubo varios factores que ayudaron a vincularlos directamente con el crimen.

Una de las primeras claves fue el patrón de las transacciones. A pesar de la presunta anonimidad de las criptomonedas, la tecnología blockchain tiene un registro público de todas las transacciones. Si bien no se puede identificar directamente a las personas involucradas, las direcciones de las billeteras y los movimientos de dinero a través de distintas plataformas permiten hacer conexiones.

Con el tiempo, los investigadores del FBI comenzaron a notar patrones inusuales en las transacciones que apuntaban hacia ciertos monederos, y empezaron a vincular esas direcciones con las cuentas que habían utilizado en transacciones más pequeñas y aparentemente inocentes.

El siguiente paso fue el rastreo de las compras y actividades de Lía y David en la vida real. Como mencionaste, ellos no ocultaban su estilo de vida. Eran públicos sobre sus compras de lujo, fiestas exclusivas y sus movimientos por el mundo. Esto resultó ser un error crítico. A medida que los investigadores observaban sus redes sociales, vieron que muchas de las compras que hacían coincidían con las fechas y los montos de las transacciones de criptomonedas. Además, los bienes de lujo que adquirían, como propiedades, autos caros y objetos valiosos, no correspondían con sus ingresos declarados o con su vida pública antes de su ascenso repentino.

Luego, hubo un factor clave que terminó de cerrar el círculo: uno de los videos que Lía subió a sus redes. En este video, aunque parecía una producción perfecta, hubo detalles sutiles que llamaron la atención de los investigadores. Por ejemplo, algunos objetos en el fondo de la imagen, la ubicación exacta de la fiesta o ciertos elementos que parecían estar vinculados a lugares específicos donde las transacciones habían sido realizadas. Los expertos del FBI comenzaron a hacer un análisis de esos videos, comparando las fechas, los lugares y los movimientos de dinero, y pudieron confirmar que los bienes que adquirían coincidían con el flujo de dinero que estaba siendo rastreado en las criptomonedas.

El momento decisivo llegó cuando una de las plataformas de intercambio de criptomonedas, en la que ellos operaban, fue obligada a proporcionar información bajo una orden judicial. En esa plataforma, los registros de transacciones de Lía y David fueron desenterrados, lo que les permitió identificar las cuentas asociadas con ellos y confirmar que las grandes cantidades de dinero habían sido transferidas a sus cuentas en el pasado cercano.

Esto fue la prueba clave que vinculó a los dos directamente con el robo y la malversación de fondos. A partir de ahí, el FBI se preparó para realizar un arresto, pero la primera vez que intentaron hacerlo, David y Lía estaban fuera del país, posiblemente en algún lugar de Europa o Asia. Esto complicó las cosas temporalmente, ya que tuvieron que esperar a que regresaran. Durante este tiempo, las investigaciones continuaron, recopilando más

pruebas y asegurándose de que su caso fuera sóli-
do antes de realizar un arresto.

Sin embargo, los errores fueron tan evidentes que
resultaban casi absurdos. Mientras trataban de
ocultar el origen del dinero robado, cometieron
varios fallos fundamentales. En uno de sus primeros intentos de cambiar el botín, utilizaron su dirección real para comerciar con oro, algo que los
conectaba directamente con su identidad. Peor
aún, dejaron su carné de conducir real en uno de
los registros, un descuido imperdonable para
quienes pretendían operar en las sombras. Era
como si, en lugar de esconderse, estuvieran dejando un rastro visible a propósito.

Lo que parecía un plan cuidadosamente orquestado, de pronto se derrumbó por estos pequeños

pero fatales errores. Era como si intentaran pasar un Picasso robado en el maletero de su coche, con el botín visible para todo el mundo, pero sin darse cuenta de que las huellas digitales del robo no se borran fácilmente. Al final, la torpeza de los delincuentes los atrapó.

El robo había sido monumental, pero lo que siguió fue aún más audaz. Después de años de intentar mover pequeñas fracciones de los bitcoins robados, los dos decidieron arriesgarlo todo. En una sola mañana, 94.643 bitcoins, una suma cercana a los 3100 millones de euros, fueron movidos en 23 transacciones diferentes. Cada movimiento era una jugada más arriesgada, un intento de desaparecer en la oscuridad digital, pero lo que no sabían era que estaban dejando una huella inconfundible.

En su desesperación por convertir esos fondos en dinero tangible, cometieron el error fatal de mover una suma tan grande que, en cuestión de horas, los agentes del FBI ya estaban al tanto. La cadena de bloques, la tecnología que aseguraba la transacción, era pública e inmutable, y aunque el dinero estaba aparentemente escondido en la dark web y otras plataformas ocultas, las transacciones dejaban un rastro. Cada uno de esos bitcoins estaba registrado, y los expertos en ciberseguridad comenzaron a seguir su pista. Fue entonces cuando, con el dinero en movimiento y su desesperación palpable, la pareja se encontró atrapada.

Finalmente, cuando regresaron a su país, el FBI ya tenía toda la información necesaria para arrestarlos. La policía interceptó a Lía y David en el momento en que regresaron a su ciudad, después de haber hecho un análisis completo de sus movimientos financieros y sus redes sociales. Fueron arrestados bajo cargos de fraude, lavado de dinero y otros delitos relacionados con el robo de criptomonedas. La magnitud del robo era inimaginable.

En total, los delincuentes se apoderaron de 94,643 bitcoins, lo que, en el momento de la transacción, representaba más de 3100 millones de euros. Sin embargo, el valor de los bitcoins fluctuó rápidamente debido a la volatilidad del mercado, lo que hizo que el botín se incrementara aún más a medida que la criptomoneda se disparaba. Lo que en un principio parecía un golpe perfecto se convirtió en una pesadilla digital para los ladrones, ya que el dinero, a pesar de estar escondido en las entrañas de la blockchain, era accesible y visible para todos. Lo que hicieron con esa enorme cantidad de dinero es una historia de intentos fallidos y frustraciones. En lugar de simplemente retirarlo, la pareja intentó mover pequeñas porciones del botín a través de transacciones dispersas.

Algunos de los fondos fueron dirigidos a mercados clandestinos como AlphaBay, un mercado en la dark web, antes de ser redirigidos a una plataforma rusa llamada Hydra, en lo que parecía un esfuerzo por ocultar el origen ilícito del dinero Así fue como el FBI logró vincular a Lía y David con el golpe. Aunque intentaron ocultar sus huellas, su estilo de vida ostentoso y sus transacciones fueron las piezas clave que permitieron que los investigadores los identificaran y finalmente los arrestaran. El robo de Bitfinex fue un acontecimiento que dejó una marca indeleble en el mundo de las criptomonedas. Con una cifra de 94.643 bitcoins robados, equivalente a 3100 millones de euros en su momento, el asalto a la plataforma de intercambio se convirtió en uno de los más grandes de la historia. Los delincuentes lograron acceder a una gran parte de los fondos sin ser detectados de inmediato, y la comunidad global de criptomonedas observaba con asombro y tensión cada movimiento de los fondos robados. La expectativa crecía conforme el botín permanecía en la blockchain, accesible para todos, pero imposible de tocar.

Este robo no solo sacudió la confianza de los inversores, sino que también reveló las vulnerabilidades del sistema. Los agentes, aunque sabían que la transacción era pública e inmutable, debían enfrentarse a la dificultad de rastrear el dinero en un espacio tan desregulado y oscuro como el de las criptomonedas. A medida que el botín crecía por la burbuja de Bitcoin, el impacto del robo fue más allá de la simple pérdida económica: representaba una prueba de las grietas en la seguridad de un sistema que muchos creían impenetrable.

Aunque la pareja de criminales, Lia y David, mostraban un perfil de sofisticación tecnológica, sus errores de principiante fueron su perdición. A pesar de manejar una cantidad colosal de bitcoins robados, cometieron fallos tan simples que resultaron fatales para sus planes. El primero fue el uso de un carné de conducir real para verificar su identidad, lo que permitió a las autoridades vincularlos directamente con las transacciones fraudulentas.

Además, al utilizar su dirección real para comerciar con oro, dejaron un rastro que fue seguido hasta ellos.

Estos errores no solo mostraron la arrogancia de la pareja, sino también su falta de experiencia en el manejo de un botín de tal magnitud. Aunque intentaron ocultar su identidad y el origen del dinero a través de plataformas encriptadas y cuentas falsas, la combinación de la blockchain pública y la supervisión de las autoridades terminó por descubrir su rastro. A medida que David y Lia intentaban lavar su dinero y convertir los bitcoins robados en efectivo, la tensión se intensificaba. Sabían que, aunque la blockchain permitía ocultar parcialmente su identidad, el rastro de cada transacción era inmutable. En su intento por disimular el origen del dinero, la pareja intentó dividir las transacciones en pequeñas cantidades, utilizando bots automatizados para mover los fondos a través de cuentas en mercados clandestinos. Pero esto solo sirvió para complicar más las cosas. A pesar de su cautela, la comunidad de criptomonedas y las autoridades podían seguir el rastro de cada movimiento, lo que aumentaba la presión sobre ellos.

La transacción de 94.643 bitcoins, movidos en 23 transacciones separadas en una sola mañana, fue el último intento desesperado por escapar. Pero esa acción fue su mayor error. En el momento en que los fondos intentaron salir de la blockchain y ser convertidos en dinero tradicional, los agentes estaban listos para intervenir. El botín estaba en la lista negra, y la blockchain, con su transparencia y trazabilidad, era la prueba que los delatores necesitaban. Después del arresto de Lía y David, las cosas tomaron un giro inesperado. Aunque las autoridades estaban convencidas de su implicación en el robo de criptomonedas y otros delitos financieros, el proceso judicial no fue inmediato. Las investigaciones seguían su curso, pero lo que realmente llamó la atención fue lo que sucedió después del arresto.

Lía, al principio, intentó mantener su vida pública como si nada hubiera cambiado. Continuó subiendo videos, mostrando su vida llena de lujos y celebraciones, y parecía que todo seguía igual. Sin embargo, algo no estaba bien. Los rumores sobre el paradero de David comenzaron a crecer, y su ausencia en los videos y en las publicaciones de Lía no pasó desapercibida. Ella siguió publicando contenido, pero la gente comenzó a notar la falta de él. En cuanto a David, su desaparición fue un misterio. Algunos afirmaban que había huido, mientras que otros creían que estaba escondido. Nadie sabía con certeza qué había pasado con él, pero la falta de su presencia en las redes sociales y la desaparición de su empresa dejaron muchas preguntas sin respuesta. Lo que sí se sabía es que había dejado de aparecer en público poco después de que las autoridades empezaron a investigar más a fondo sus actividades.

Mientras tanto, Lía seguía siendo el centro de atención, pero la situación estaba cambiando. A medida que la prensa empezaba a hablar más de su arresto y las investigaciones en curso, las tensiones aumentaban. Había rumores de que ella también podría enfrentar cargos adicionales, pero, por el momento, se mantenía en silencio. La vida que había mostrado al mundo parecía estar desmoronándose, y la gente comenzaba a cuestionar su involucramiento en todo lo que había sucedido.

En cuanto David, su historia tomó un rumbo más oscuro. A medida que pasaba el tiempo, se fue haciendo evidente que su desaparición no era solo un retiro temporal. Su empresa, que antes había sido un pilar en su vida pública, empezó a desaparecer de las plataformas. Los registros financieros de su empresa fueron analizados, y aunque no había pruebas concluyentes de su paradero, los investigadores empezaron a atar cabos sueltos que indicaban que había huido con una parte significativa del dinero que había logrado obtener.

El caso se volvía cada vez más complejo. Mientras Lía intentaba seguir con su vida como si nada hubiera pasado, David parecía haber tomado una decisión radical al alejarse de todo. Pero, lo que en un principio parecía una huida desesperada, con el tiempo se convirtió en una historia de evasión bien planeada, y las autoridades se dieron cuenta de que encontrarlo sería más difícil de lo que inicialmente pensaban. Finalmente, después de meses de investigación, la desaparición de Scheister comenzó a esclarecerse. La conexión con ciertos movimientos internacionales de dinero, algunos relacionados con la criptomoneda y otros con actividades empresariales dudosas, revelaron que él no había huido por accidente. Había hecho planes muy cuidadosos para mantenerse fuera del alcance de las autoridades, pero los rastros que dejó detrás comenzaron a cerrar el cerco.

Lía, por su parte, enfrentaba las consecuencias de sus decisiones. Aunque no estaba directamente implicada en la fuga de Schnaider su continuo apoyo público a él y su estilo de vida ostentoso en redes sociales la ponían en el ojo del huracán. Las autoridades la seguían de cerca, esperando que sus errores la delataran, pero hasta ese momento, ella se mantenía en pie, a pesar de que el peso de las acusaciones sobre ella era cada vez más grande. Después del arresto de Lía y David, la situación se volvió aún más confusa. A pesar de que ambos fueron detenidos por cargos graves, lo que ocurrió a continuación no fue lo que la mayoría esperaba.

El arresto no fue el fin inmediato de su historia. De hecho, fue solo el principio de una serie de eventos que dejaron a muchos en shock.

Lía, al principio, parecía más decidida que nunca a seguir adelante con su vida. En las semanas posteriores al arresto de David, continuó publicando videos y fotos en sus redes sociales, como si nada hubiera pasado. La vida que había mostrado al mundo no se detuvo. Sus seguidores seguían viéndola en su mundo de lujos y ostentación, mientras la verdad sobre el colapso de su imperio comenzaba a emerger lentamente.

Pero detrás de esa fachada, algo había cambiado. La desaparición de Scheister fue un misterio que se mantuvo durante un tiempo. Mientras ella seguía publicando y manteniendo la imagen de su vida perfecta, la gente empezó a preguntarse qué había pasado con él. Algunos decían que se había ido a otro país, otros que había desaparecido por completo, pero la verdad era que su paradero era incierto. Lía, aunque no estaba directamente implicada en los cargos de fraude y lavado de dinero de la misma manera que Scheister, se encontraba en una situación complicada. A pesar de sus esfuerzos por mantener su presencia en las redes, los rumores sobre su vinculación con el crimen comenzaban a crecer. La gente se dio cuenta de que algo no cuadraba. ¿Por qué continuaba ella mostrando su vida de lujo si todo se estaba desmoronando a su alrededor?

En cuanto a David, después de su arresto, su empresa, que había sido una fachada de éxito, se vino abajo. Se decía que había intentado ocultarse en un país extranjero, utilizando identidades falsas y cambiando de lugar constantemente para evitar ser encontrado. Pero los esfuerzos por escapar de las autoridades no duraron mucho. En algún momento, se descubrió que había intentado cambiar su apariencia, pero la red de investigaciones lo alcanzó. El caso tomó giros inesperados, ya que la empresa que él había creado, inicialmente conocida por su innovación en el mundo digital, pasó a ser investigada a fondo. Los activos de la compañía fueron confiscados, y muchas de las conexiones de Scheister con otras personas del mundo del crimen fueron expuestas. Todo lo que había construido con tanto esfuerzo se desmoronó rápidamente, dejando atrás solo un rastro de mentiras, evasión y corrupción.

Lía, por su parte, enfrentó la creciente presión de las autoridades. Aunque no fue arrestada de inmediato, su implicación en el caso no podía ser ignorada. Se le ofreció la oportunidad de cooperar con las autoridades a cambio de una posible reducción de su sentencia, pero ella eligió mantenerse en silencio. Sin embargo, su vida pública comenzó a desmoronarse. Los seguidores que antes la adoraban comenzaron a dudar de su autenticidad, y los patrocinadores que la habían respaldado empezaron a alejarse. Su imagen se fue deteriorando poco a poco, mientras la verdad detrás de su vida de lujo comenzaba a salir a la luz.

Los últimos días de su vida pública fueron una lucha constante por mantener la fachada que había construido. Pero la realidad, al final, se impuso. El proceso judicial contra Scheister y su vinculación con el crimen organizado se convirtió en un tema central en los medios de comunicación. Los detalles sobre las transacciones fraudulentas y el lavado de dinero que habían realizado juntos se expusieron al mundo, dejando en claro la magnitud de su implicación.

Lía, aunque libre, se encontraba atrapada en una espiral de desmoronamiento. El mundo que había construido con tanto esfuerzo se estaba desvaneciendo, y la vida de lujo que había mostrado al mundo se convertía en una sombra de lo que había sido. Mientras tanto, David seguía siendo un fantasma en el mundo, buscando desesperadamente escapar de las consecuencias de sus acciones, pero sin poder escapar del alcance de la justicia. Finalmente, ambos se convirtieron en símbolos de la fragilidad de las apariencias y de cómo la obsesión por el lujo y el éxito puede llevar a la caída. Sus historias, que en un principio parecían una muestra de éxito absoluto, se convirtieron en una advertencia para aquellos que se atreven a jugar con fuego, creyendo que su vida de ostentación y poder podría mantenerse indefinidamente.

La verdad siempre sale a la luz, y en el caso de Lía y David, la caída fue tan espectacular como su ascenso.

¿Por qué contar esta historia?

Contar esta historia no es solo una cuestión de exponer los hechos, sino de reflexionar sobre las complejidades de las personas y los sistemas que las rodean. La historia de Lía Morgen y David Scheister, aunque está llena de giros sorprendentes y preguntas sin respuestas claras, ofrece una lección importante sobre cómo el poder, la ambición y las ideologías pueden influir en las decisiones de las personas, incluso cuando parecen tener principios sólidos.

¿Cómo es posible que dos personas comunistas pudieran hacer algo así?

Uno de los puntos más desconcertantes de esta historia es cómo dos personas que públicamente defendían ideales de igualdad, justicia social y redistribución de la riqueza pudieron estar involucradas en actividades ilícitas. Esta contradicción es un tema recurrente en muchas historias de corrupción: las personas que parecen ser fieles a una ideología pueden verse tentadas por las oportunidades que ofrece el poder y la riqueza.

Quizá, al igual que muchos antes que ellos, Lía y David se vieron atrapados en un ciclo de ambición que los llevó a traicionar los principios que alguna vez defendieron. El deseo de éxito, reconocimiento y estabilidad financiera puede hacer que incluso los ideales más firmes se vean opacados por las tentaciones del poder. Esta historia refleja cómo las personas pueden perder el rumbo, olvidando lo que originalmente las motivaba, en su lucha por alcanzar el éxito personal.

¿Es cierto que lo hicieron ellos?

La verdad detrás de los eventos que llevaron a la condena de Lía Morgen y David Scheister está lejos de ser clara. El sistema judicial, aunque diseñado para encontrar la verdad, está siempre sujeto a interpretaciones, influencias externas y, a veces, a errores. La condena de ambos no significa necesariamente que la historia esté completamente cerrada o que la versión oficial sea la única posible.

El proceso judicial y las pruebas presentadas son solo una parte de la historia. Las versiones de los involucrados, los testimonios y las evidencias pueden ser manipuladas o malinterpretadas. La condena de Lía y David es el resultado de un proceso legal, pero siempre existirá un margen de duda, especialmente cuando se trata de figuras públicas que han construido una narrativa sobre sí mismos que podría no coincidir con la realidad.

¿Por qué seguir contando esta historia si está llena de dudas?

Las dudas, de hecho, son una parte esencial de esta historia. La incertidumbre que rodea los eventos y las motivaciones de los personajes añade una capa de complejidad que invita a la reflexión. Esta historia no solo se trata de lo que sucedió, sino también de cómo las personas reaccionan ante la incertidumbre y cómo las narrativas que se crean alrededor de ciertos eventos pueden moldear la opinión pública.

Contar esta historia, con todas sus dudas y giros, permite que los lectores cuestionen las apariencias y los sistemas de poder. ¿Realmente conocemos a las personas que vemos en las redes sociales o en los medios? ¿Cuánto sabemos de lo que sucede detrás de las puertas cerradas de las empresas o de los grandes negocios? ¿Es posible que aquellos que predican la justicia y la igualdad sean los mismos que cometen los actos más injustos y egoístas? La historia de Lía y David no solo nos enseña sobre la naturaleza de la ambición humana, la manipulación digital y las complejidades de la moralidad en un mundo donde la línea entre lo real y lo virtual es cada vez más difusa. También nos deja con una profunda reflexión sobre la justicia y cómo, a veces, la verdad no es lo que parece. Después de todo, ¿quién puede asegurar con certeza que lo que se muestra ante nuestros ojos es la realidad completa?"

Después del arresto de Lía y David, el juicio se desarrolló rápidamente. La evidencia parecía irrefutable: transacciones bancarias que los vinculaban directamente a las cuentas de la empresa, testimonios de testigos que afirmaban haberlos visto en el centro de operaciones, e incluso un video grabado por un supuesto cómplice. La opinión pública, influenciada por la rapidez del proceso judicial, estaba convencida de que se había hecho justicia. El caso estaba cerrado, o al menos eso parecía.

Sin embargo, en los días posteriores al veredicto, algo comenzó a inquietar a aquellos que se habían sumido en la creencia de que la historia había terminado. Un periodista, cuyo nombre nunca fue destacado en los titulares pero que había seguido de cerca el caso, empezó a notar detalles que habían sido pasados por alto. Era un periodista que, desde el principio, había desconfiado de la versión oficial, pero ahora, con el juicio ya concluido, su escepticismo se transformó en una obsesión.

Comenzó a revisar los documentos del caso, a analizar las pruebas que se habían presentado como concluyentes, y lo que encontró no solo le sorprendió, sino que le aterrorizó. Había inconsistencias en las transacciones bancarias, ciertas fechas que no coincidían, y un rastro de dinero que parecía haber sido desviado antes de llegar a las manos de Lía y David. Lo más alarmante fue que, al seguir el rastro, el periodista descubrió una figura que parecía estar detrás de todo esto: una figura que, hasta ese momento, no había sido mencionada ni en las investigaciones ni en los informes oficiales. Esta figura misteriosa no solo estaba vinculada al dinero, sino también a los momentos previos al arresto de Lía y David. A medida que el periodista profundizaba en su investigación, más se iba desenredando la telaraña de mentiras y manipulaciones. Parecía que la verdadera historia estaba mucho más allá de lo que el juicio había mostrado, y que Lía y David tal vez no eran los cerebros criminales de todo el plan.

El periodista, entonces, decidió llevar su investigación más allá de lo permitido. Se infiltró en los registros ocultos de la empresa de David contactó con personas que habían trabajado con ellos en el pasado y, poco a poco, empezó a descubrir que algo mucho más grande estaba en juego. Al principio, nadie le creyó. Las pruebas que encontraba eran fragmentarias, y la comunidad seguía convencida de que los dos acusados eran culpables.

Pero a medida que el periodista desenterraba más secretos, la verdad empezaba a ser cada vez más difícil de ignorar. Las huellas del dinero desviándose, los contactos secretos de David con una red internacional de individuos que no parecían estar involucrados en la operación de forma directa, y los testimonios de antiguos empleados que hablaban de amenazas y manipulaciones por parte de una tercera parte... todo apuntaba a que alguien más estaba moviendo los hilos.

Finalmente, después de meses de investigación, el periodista logró acceder a un archivo confidencial que revelaba un nombre que, hasta ese momento, nadie había mencionado: un personaje misterioso que había estado operando en las sombras. Nadie sabía exactamente quién era, pero los documentos sugerían que esta persona había sido el verdadero cerebro detrás de todo el plan. Lía y David, según el nuevo enfoque, podrían haber sido piezas en un juego mucho más grande, piezas que, tal vez, ni si-quiera sabían que estaban siendo manipuladas.

Al descubrir esto, el periodista intentó contactar a las autoridades, pero se encontró con una pared de silencio. Los intereses detrás del caso parecían mucho más profundos de lo que se imaginaba. Sin embargo, sus hallazgos empezaron a ganar fuerza en círculos más pequeños, en lugares donde la verdad no se podía ocultar fácilmente.

El gran dilema ahora era: ¿habían sido Lía y David simples peones en un juego mucho mayor, o realmente eran culpables de todo lo que se les acusaba? La verdad, al parecer, no era tan simple como parecía. "¿Es posible que todo lo que creímos saber sobre Lía y David esté equivocado? ¿Es posible que las apariencias hayan engañado a todos, y que la verdad esté oculta detrás de una cortina de manipulaciones y secretos que nadie ha sido capaz de descubrir?" Desde el momento en que Lía y David fueron arrestados, la historia parecía haber llegado a su fin. Las pruebas presentadas en el juicio eran claras, la condena fue rápida, y el caso fue cerrado con la seguridad de que la justicia había sido servida. La gente estaba convencida de que había sido una historia de avaricia, crimen y castigo, y que los dos acusados eran los culpables, los cerebros detrás de una operación criminal masiva.

Pero, como sucede con muchas historias aparentemente cerradas, las sombras de la duda comenzaron a alzarse.

Un periodista, cuya curiosidad no podía ser apagada por la versión oficial del caso, decidió investigar más allá de lo que se le había mostrado.

Aunque la sentencia había sido emitida, el periodista comenzó a revisar los documentos del juicio, las pruebas presentadas y los testimonios. Algo no cuadraba. Había pequeñas discrepancias, detalles que se habían pasado por alto o que no encajaban con la narrativa oficial.

Fue entonces cuando, en una revisión exhaustiva de las transacciones bancarias que supuestamente vinculaban a Lía y David con la operación ilegal, el periodista descubrió algo inquietante. Había fechas inconsistentes, registros que no correspondían con los días que se afirmaba que las transacciones ocurrieron, y sobre todo, una misteriosa figura que había estado involucrada en las operaciones, pero que nunca había sido mencionada en el juicio.

La figura en cuestión era un personaje desconocido para el público, pero que estaba presente en los documentos, en las pruebas, en las conversaciones que Lía y David habían tenido con personas de fuera del país. Este individuo, aparentemente fuera del radar de las autoridades, parecía ser la pieza clave en el rompecabezas, pero no había sido investigado a fondo.

A medida que el periodista profundizaba en esta nueva pista, comenzaron a aparecer más inconsistencias. Las conexiones de este personaje con personas de alto perfil, los contactos en lugares de poder, y las transacciones sospechosas empezaron a desvelar un patrón mucho más grande y mucho más complejo que el simple delito que había sido imputado a Lía y David.

¿Era posible que todo lo que se había dicho sobre ellos fuera una cortina de humo, una distracción diseñada para ocultar la verdadera magnitud del crimen? ¿O acaso Lía y David eran simplemente peones en un juego mucho mayor, víctimas de una manipulación que los había llevado a la cárcel sin ser realmente los culpables?

Con cada nueva revelación, la certeza sobre su culpabilidad se desvanecía. Y la historia, que parecía tan clara y tan cerrada, comenzaba a abrir nuevas puertas, puertas que nadie había considerado antes. Este es el momento en que la historia da un giro inesperado. Lo que parecía ser un caso resuelto comienza a desmoronarse, dejando a todos, desde los investigadores hasta los lectores, preguntándose si realmente conocemos toda la verdad.

Con cada paso que daba, el periodista encontraba más elementos que no solo contradecían lo que se había presentado en el juicio, sino que también dejaban al descubierto un entramado mucho más complicado. Las pruebas que se habían mostrado como concluyentes en el proceso judicial, al ser revisadas bajo una nueva perspectiva, revelaban grietas y contradicciones que no podían ser ignoradas.

La primera gran pista apareció cuando se descubrió una serie de correos electrónicos que, aparentemente, habían sido pasados por alto en la investigación original. Estos correos no solo contenían comunicaciones entre Lía y David, sino también entre ellos y varias figuras clave que no habían sido mencionadas durante el juicio. Estos contactos, algunos de ellos con nombres conocidos en el mundo empresarial y político, sugerían una red mucho más amplia que la que se había dado a conocer. Uno de los correos más inquietantes era un mensaje en el que Lía parecía recibir instrucciones directas de alguien que no estaba en la lista de acusados. La correspondencia indicaba que la operación de lavado de dinero, por la cual fueron arrestados, no solo era más extensa de lo que se pensaba, sino que también había sido diseñada de manera mucho más sofisticada. Lía y David, aparentemente, no eran los organizadores, sino más bien piezas menores dentro de un esquema mucho más grande, del que nunca se había hablado.

Además, las investigaciones financieras revelaron un patrón de transacciones internacionales que no coincidían con las fechas en las que se decía que Lía y David habían sido arrestados. Esos movimientos, que se habían realizado a través de varias empresas ficticias y cuentas offshore, apuntaban a un nivel de sofisticación que sugería que los verdaderos cerebros del crimen estaban en una posición mucho más alta, y probablemente fuera del alcance de las autoridades locales.

El giro más inesperado ocurrió cuando se descubrió que uno de los testigos clave en el juicio había mentido bajo juramento. Este testigo, un ex empleado de Scheisterque había colaborado con la acusación, tenía conexiones directas con el misterioso individuo mencionado en los correos. Este testigo, al parecer, había sido presionado o manipulado para dar falso testimonio, asegurando que la implicación de Lía y David fuera mucho más directa de lo que realmente había sido.

Con las nuevas pruebas, los documentos, los testimonios contradictorios y las transacciones bancarias misteriosas, el periodista empezó a atar cabos que apuntaban a una verdad mucho más inquietante: Lía y David no solo podrían ser inocentes de los crímenes por los que fueron condenados, sino que, en realidad, podrían haber sido utilizados como chivos expiatorios en un plan mucho más grande.

La presión comenzó a aumentar sobre los investigadores originales del caso. ¿Habían sido tan rápidos en cerrar el caso que no habían visto las señales de un crimen mucho más elaborado? ¿O acaso habían sido cómplices, cegados por una versión de los hechos que favorecía a ciertos poderosos? El público, que había sido testigo de la condena, ahora se encontraba dividido. Por un lado, estaban aquellos que no podían imaginar que dos personas como Lía y David fueran víctimas de un sistema tan corrupto. Por otro, estaban los que insistían en que las pruebas iniciales eran irrefutables y que todo esto no era más que un intento de reescribir la historia.

Lo que parecía un caso cerrado comenzaba a abrirse como un laberinto de mentiras, engaños y manipulación. Y la pregunta ya no era si Lía y David eran culpables, sino si, en realidad, alguien más estaba detrás de todo.

A medida que las nuevas pruebas seguían surgiendo, la historia se volvía más oscura y enrevesada. La gente que antes había estado segura de la culpabilidad de Lía y David comenzaba a cuestionarse si todo lo que sabían era una farsa cuidadosamente orquestada. El caso, que parecía cerrado, se convirtió en un torbellino de teorías, contradicciones y preguntas sin respuesta.

El periodista, inmerso en la investigación, se encontró atrapado en un juego de sombras. Cada vez que parecía acercarse a la verdad, nuevas piezas de información surgían, pero ninguna parecía encajar completamente. Las transacciones bancarias eran ambiguas, los testimonios contradictorios y las pruebas físicas, aunque alarmantes, nunca lograban conectar de manera concluyente a los verdaderos culpables. Había algo que no cuadraba, y a medida que investigaba más a fondo, se dio cuenta de que las respuestas que buscaba solo conducían a más preguntas.

Una noche, después de horas revisando documentos y correos electrónicos, el periodista recibió una llamada inesperada. Una fuente anónima, con una voz distorsionada, le dejó un mensaje críptico:

"Estás mirando en la dirección equivocada. Lo que crees saber no es ni la mitad de la historia." El teléfono se apagó antes de que pudiera hacer más preguntas. Un escalofrío recorrió su espalda.

¿Quién estaba detrás de la llamada? ¿Y por qué la advertencia? ¿Qué significaba?

Con el miedo creciendo en su pecho, el periodista decidió seguir investigando, pero algo le decía que no podía confiar en nadie. Las personas con las que había hablado anteriormente, aquellos que parecían estar de su lado, ahora se veían con recelo.

¿Estaban siendo manipulados? ¿O acaso estaban involucrados en algo mucho más grande de lo que él había imaginado?

Las pruebas seguían apareciendo, pero cada una parecía abrir más puertas que lo llevaban a callejones sin salida. Los correos electrónicos que había encontrado entre Lía y David ahora se volvían más desconcertantes. Algunas frases parecían indicar una conspiración mucho más profunda, pero otras parecían ser simples intercambios de trabajo, nada sospechosos. ¿Cómo podía saber qué era real y qué no lo era?

Las personas que habían estado involucradas en el caso se mantenían extrañamente calladas. Los abogados, los testigos, incluso los funcionarios que habían manejado la investigación, todos parecían estar alejándose, como si algo los estuviera presionando para mantenerse en silencio. El periodista se preguntaba si alguien lo estaba observando, si sus propios pasos estaban siendo controlados. La sensación de paranoia era insoportable. Cada vez que creía estar más cerca de la verdad, se sentía más atrapado.

Un día, después de recibir más documentos de la fuente anónima, el periodista se dio cuenta de algo inquietante: en uno de los informes de la policía, un pequeño detalle había sido modificado, un nombre había sido borrado, y una fecha había sido alterada. Ese pequeño cambio, aparentemente insignificante, le dio una pista. Pero al intentar rastrear la fuente de la alteración, se dio cuenta de que no podía. La huella se desvanecía, como si nunca hubiera existido.

En un giro inesperado, uno de los testigos que había dado su testimonio clave en el juicio desapareció sin dejar rastro. No había dejado ninguna nota, ni un indicio de su paradero. Su casa estaba vacía, y no había señales de que hubiera sido forzado a irse. Nadie sabía qué había pasado con él. Las autoridades, que antes habían dado su versión de los hechos con confianza, ahora se veían desconcertadas. La desaparición del testigo solo alimentaba la confusión y el caos.

En medio de todo esto, las preguntas sobre Lía y David se volvían más intensas. ¿Realmente estaban involucrados en algo tan grande y peligroso como se había insinuado? ¿O habían sido simplemente piezas de un rompecabezas mucho más complicado? Los nuevos indicios sugerían que ellos podrían haber sido solo marionetas, manipuladas por fuerzas mucho más poderosas que ellos.

La confusión se apoderó del caso. Las versiones de los hechos cambiaban con cada nuevo descubrimiento. Nadie parecía tener respuestas claras. Y lo peor de todo, era que cada vez parecía más difícil distinguir entre la verdad y la mentira. La línea entre ambas se desdibujaba, y el periodista se encontraba atrapado en un torbellino de intriga, sospecha y misterio.

A pesar de que las investigaciones se intensificaron, la verdad seguía siendo elusiva. Los documentos, las declaraciones, las pruebas... todo parecía señalar que había algo mucho más grande y peligroso en juego, pero nadie lograba juntar las piezas del rompecabezas. Cada pista que se encontraba parecía responder a una pregunta, solo para generar una nueva.

La última pista que el periodista siguió lo llevó a un viejo desván, en una casa aislada en las afueras de la ciudad. Allí, entre polvo y viejos archivos, encontró un documento que parecía ser la clave para todo: una lista de nombres, muchos de los cuales ya habían sido identificados, pero uno en particular parecía nuevo, un nombre que nunca se había mencionado en los informes oficiales.

El corazón le latía con fuerza mientras leía el nombre. No podía creer lo que estaba viendo. Pero antes de que pudiera hacer una llamada para informar sobre el hallazgo, su teléfono sonó. Era un número desconocido. La voz al otro lado, baja y distorsionada, dijo solo una cosa: "Deja todo. Si sigues, no solo cambiará tu vida, sino la de muchas otras personas."

El teléfono cayó de sus manos. Nunca había estado tan cerca de la verdad, pero ahora el miedo lo invadía. ¿Realmente había encontrado lo que buscaba? ¿O se estaba acercando demasiado a algo que no debía descubrir?

Mientras tanto, Lía y David, después de su arresto, se habían convertido en sombras, excluidos de los focos mediáticos. Sus versiones de los hechos, aquellas mismas que habían generado tanto interés, ahora eran ignoradas. Pero había algo inquietante en su silencio, algo que no encajaba.

Y mientras el periodista trataba de decidir qué hacer con la información que había recolectado, un pensamiento cruzó su mente: ¿y si todo lo que pensaba saber era solo una parte de la historia? ¿Y si la verdad seguía oculta, en algún lugar, más profundo y oscuro de lo que jamás había imaginado?

La puerta se cerró detrás de él mientras se alejaba del desván, pero en su interior sentía que el misterio aún no había terminado. Era solo el principio de algo mucho más grande.

El final de la historia parecía cercano, pero la verdad seguía siendo esquiva. Lía y David habían sido condenados, pero sus mentes, tan complicadas y misteriosas, dejaban muchas dudas. ¿Eran realmente los culpables, o habían actuado bajo la influencia de fuerzas que no podían controlar? Las pruebas eran contradictorias. Los testigos eran inciertos. Cada nueva información parecía añadir confusión en lugar de claridad. El periodista, ya obsesionado con encontrar la verdad, se encontró preguntándose si alguna vez sería posible llegar a una respuesta definitiva. Tal vez, la verdad misma era demasiado compleja para ser comprendida en una sola narración.

Las investigaciones se cerraron sin una conclusión clara. Lía y David fueron olvidados por la mayoría, pero los sospechosos seguían rondando. ¿Quién había orquestado todo realmente? ¿Y qué papel jugaban ellos en esta historia que parecía más un enigma sin solución?

El periodista, mirando por la ventana de su oficina, pensó que tal vez nunca había una respuesta sencilla. Tal vez, en el fondo, la historia no tenía un final, sino solo una serie de preguntas que seguían girando sin cesar. La verdad, de alguna manera, seguía eludiendo, como una niebla que nunca se disipa completamente.

Así que, mientras el caso se archivaba y la vida parecía regresar a la normalidad, el periodista no podía evitar preguntarse: ¿qué se nos escapaba?

¿Qué quedaba por descubrir? Y, sobre todo, ¿quién estaba realmente contando la verdad?

La puerta se cerró tras él, pero dentro de su mente, el misterio nunca había estado tan vivo.

Después de que todo parecía haber llegado a su fin, con las condenas y las explicaciones oficiales de lo ocurrido, surgió una nueva capa de misterio que aún persiste hasta el día de hoy. El FBI, tras recuperar una de las carteras digitales, encontró una cantidad impresionante de dinero: trillones de dólares en criptomonedas, exactamente las mismas que se habían mencionado en los informes iniciales. Pero aquí está la gran pregunta que nunca tuvo una respuesta clara: ¿Dónde está el dinero que ellos se gastaron?

La investigación nunca logró rastrear el total de las criptomonedas que se habían movido a través de diferentes carteras y que, supuestamente, ellos habían usado para vivir esa vida ostentosa que tanto los caracterizó. Si bien se encontró una gran parte de lo que se había robado, el dinero utilizado para sus lujos, sus viajes y su vida pública aún sigue desaparecido. ¿Se deshizo de él de alguna manera inteligente, moviéndolo entre múltiples transacciones hasta hacerlo desaparecer en el aire? ¿O alguien más, tal vez incluso más poderoso, estuvo detrás de todo esto, asegurándose de que ellos no pudieran acceder al dinero que tanto trabajaron por obtener?

Las respuestas no llegaron, y lo único claro es que, mientras la investigación y las condenas continuaron, el verdadero destino de ese dinero sigue siendo un misterio. Las autoridades no lograron descifrar el patrón completo de las transacciones, ni encontraron explicaciones satisfactorias sobre lo que realmente ocurrió. Tal vez el dinero nunca estuvo destinado a ser encontrado. Tal vez todo fue parte de un plan mucho más grande, que va más allá de lo que cualquiera podría imaginar.

Y mientras tanto, ellos siguen siendo los rostros visibles de una historia que no termina de cerrarse, como si el sistema nunca los hubiera atrapado completamente. La pregunta sigue rondando: ¿Cómo es posible que, con todo ese dinero, nunca hayan desaparecido realmente?

Al final, solo queda la historia que acabamos de contar, con preguntas sin respuestas y una incertidumbre que persiste en el aire, dejando que cada quien saque sus propias conclusiones.

El caso de Bitfinex marcó un punto de inflexión en el mundo de las criptomonedas. Lo que antes era un terreno de oportunidades sin regulación, en donde los criminales podían operar con relativa impunidad, se estaba transformando rápidamente en un campo de batalla controlado por las autoridades. La creciente regulación y la vigilancia de las transacciones en criptomonedas comenzaron a frenar las maniobras ilegales, obligando a los delincuentes a adaptarse a un entorno más restringido. Plataformas como AlphaBay y Hydra, utilizadas por la pareja para mover parte de su botín, fueron cerradas por las autoridades, lo que obligó a los criminales a recurrir a nuevas estrategias. La regulación no solo estaba logrando frenar el lavado de dinero, sino que también estaba dejando claro que la era del "Salvaje Oeste" de las criptomonedas estaba llegando a su fin. La comunidad de inversores, que alguna vez creyó que las criptomonedas eran la solución a los problemas del sistema financiero tradicional, ahora se enfrentaba a la realidad de que la tecnología necesitaba ser regulada para evitar abusos.

El caso de Lia Morgen y David Scheister es un ejemplo claro de cómo el auge de las criptomonedas trajo consigo tanto promesas como peligros. La narrativa de este robo y su posterior investigación no solo destaca la sofisticación tecnológica de los criminales, sino también las grietas en un sistema que parecía impenetrable. La transparencia de la blockchain, aunque aparentemente anónima, fue la clave para desenmascarar a los culpables. A medida que las autoridades y la comunidad global de criptomonedas trabajaron juntas, la lección era clara: el dinero digital no está exento de las mismas leyes y restricciones que los activos tradicionales. Este caso subraya un cambio fundamental en el panorama de las criptomonedas: la necesidad de una regulación más estricta y un control más efectivo sobre las transacciones. Aunque el sistema de criptomonedas ofrece libertad y anonimato, también está comenzando a ser sometido a una vigilancia que lo hace más seguro, pero menos libre. Scheister y Morgen, podrán intentar encontrar nuevas formas de burlar la ley, pero la vigilancia y la regulación están aquí para quedarse, marcando el comienzo de una nueva era para las criptomonedas, en la que la ilegalidad ya no será tan fácil de ocultar.

La pareja Scheister y Morgen, a través de su esquema criminal, emplearon una serie de técnicas avanzadas para lavar los fondos robados, originados de un robo informático a la bolsa de criptomonedas Bitfinex en 2016. A continuación, detallamos las principales estrategias utilizadas:

1. Identidades Ficticias y Automatización de Transacciones:

Utilizaron identidades ficticias para crear cuentas en línea y programas informáticos diseñados para automatizar las transacciones de las criptomone-

das robadas. Esta estrategia permitió que las transacciones fueran difíciles de rastrear y les otorgó
un mayor control sobre el flujo de fondos sin ser
detectados rápidamente.

2. Conversión de Bitcoin a Otras Criptomonedas:
Para desviar aún más el rastro del dinero, la pareja
convirtió grandes cantidades de bitcoin en otras
criptomonedas. Esta técnica es común en el lavado de dinero digital, ya que la conversión a diferentes activos dificulta la trazabilidad de los fondos y permite esconder su origen.

3. Cambio de Fondos por Monedas de Oro:
Una de las tácticas más inusuales empleadas por
Morgan fue el uso de monedas de oro. La pareja
no solo se limitó a las criptomonedas, sino que
también diversificaron sus activos comprando oro,

el cual Morgan ocultaba enterrado, como una forma de proteger y preservar su riqueza ilícita.

4. Gastos en Bienes de Consumo:

A pesar de los esfuerzos por ocultar su riqueza, la pareja también incurrió en gastos ostentosos, como la compra de tarjetas de regalo de Walmart y activos digitales en forma de NFTs. Estos gastos, aunque aparentemente inofensivos, fueron una forma de usar los fondos robados para obtener bienes tangibles, mientras se despojaban de la evidencia digital de su origen ilícito.

5. Programa de Protección de Nóminas (PPP):

Como parte de sus tácticas para encubrir sus actividades, la pareja recibió 11.000 dólares del Programa de Protección de Nóminas (PPP) de la Administración de Pequeñas Empresas de Estados

Unidos. Este programa, diseñado para ayudar a pequeñas empresas durante la pandemia, fue utilizado por Lichtenstein y Morgan para recibir dinero del gobierno mientras continuaban con sus actividades ilegales.

6. Intento de Ocultar el Origen de la Riqueza:

Según los fiscales, la pareja también trató de ocultar el origen de su riqueza obtenida a través de criptomonedas. Morgan, en un correo electrónico, mencionó que su novio (Lichtenstein) le había regalado criptomonedas durante varios años, que luego se revalorizaban, lo que sirvió como una fachada para justificar la enorme cantidad de riqueza que poseían sin levantar sospechas.

Estas tácticas fueron cuidadosamente orquestadas por la pareja para ocultar el origen de sus fondos y

hacer que sus actividades ilícitas parecieran legíti-
mas. Sin embargo, el uso de identidades falsas y la manipulación de sistemas financieros y tecnológicos no fue suficiente para evitar la detección, ya que las autoridades finalmente lograron rastrear y confiscar los fondos robados, llevando a su arresto. La sofisticación del lavado de dinero realizado por Lichtenstein y Morgan resalta la complejidad de los crímenes en la era digital. Su uso de criptomonedas, junto con técnicas de ocultación como la compra de oro y el uso de identidades ficticias, muestra cómo los delincuentes modernos manipulan la tecnología y las finanzas para ocultar sus actividades y seguir operando sin ser detectados durante largos períodos.

Mensaje del Autor

Quizás todo comenzó por casualidad. Él, un joven prodigio con una mente brillante, encontró un nicho en el mundo de las criptomonedas, detectó fallos y comprendió las conexiones ocultas que otros no veían. Juntos, como una pareja inusual, comenzaron a probar ideas, algunas sencillas, otras arriesgadas, y de alguna manera les fue bien. Su vida cambió: comenzaron a vivir con lujo, sin preocupaciones, disfrutando de una libertad que muchos envidiarían.

Ella, por su parte, manejó su ego y el de él a través de la música, creando una imagen pública que hablaba de rebelión y fama. Todo parecía estar orquestado con precisión, cada paso dado con un propósito claro: mantenerse en la cima. Pero la realidad es que las cosas nunca fueron tan simples.

A medida que su poder y su influencia crecían, empezaron a mover las piezas de un tablero mucho más grande de lo que podían imaginar.

Lo más desconcertante de todo fue el hallazgo del dinero. Una suma colosal que, aparentemente, no tenía explicación. Si ellos ya tenían lo suficiente para vivir con lujo, ¿por qué seguir acumulando una fortuna tan enorme? El dinero encontrado no solo dejó preguntas sobre su origen, sino también sobre el verdadero propósito detrás de su ascenso. ¿De dónde salió? ¿Cómo lo consiguieron? ¿Era realmente suyo o fue solo una pieza más en un juego mucho más grande? El hallazgo de este dinero no hizo más que aumentar las sospechas y alimentar la incertidumbre.

¿Qué si en algún momento alguien se entrometió en sus vidas? ¿Si usaron sus habilidades para un propósito más oscuro, para robar una fortuna que ellos no sabían manejar o incluso que nunca fue suya? A medida que la historia se desenvuelve, nos damos cuenta de que tal vez los verdaderos ladrones no fueron ellos. Tal vez el robo fue solo una cortina de humo, un engaño, un teatro montado para cubrir algo mucho más grande, más potente, y con una estructura que nadie alcanzó a ver. ¿Por qué no desaparecieron nunca? ¿Por qué continuaron en el ojo público cuando tenían tantas formas de irse y comenzar de nuevo? ¿Fue arrogancia o tal vez sabían que su destino ya estaba sellado, que su final estaba escrito y no había nada que pudieran hacer para evitarlo? Quizás sabían lo que venía y decidieron simplemente aceptarlo, seguir el flujo de los acontecimientos hasta el inevitable final.

Y lo más inquietante de todo, ¿qué hay detrás de todo esto? ¿Fue una prueba, un experimento del sistema? ¿Una manera de poner a prueba la vulnerabilidad de una sociedad que no está preparada para los avances tecnológicos, para los genios que juegan con reglas distintas? Quizás la historia nunca lo sabrá. Todo lo que queda ahora son preguntas sin respuestas. Nadie sabe con certeza quién estuvo detrás de todo esto. ¿Fueron ellos los responsables o simplemente cayeron en una trampa más grande de lo que podían imaginar? Quizás la verdad se esconde en algún rincón, esperando ser descubierta, pero por ahora, solo nos queda la historia que acabo de contarles. Cada uno es libre de decidir por sí mismo qué creer.

Y hoy, ¿qué es de ella? ¿Y de él? ¿Han desaparecido como siempre se temió? ¿O están viviendo tranquilamente, lejos de los focos, sin que nadie los reconozca? Solo el tiempo dirá.

Silvio Dell'oglio